徳川時代の古都
知られざる都市の栄枯盛衰

安藤優一郎

潮
新書
056

潮出版社

はじめに

古今東西を問わず、歴史の表舞台になったのは都市であった。歴史とは都市の興亡史と置き換えてもよいだろう。

都市が重要なのは、農業生産から切り離された人々が様々な社会活動を展開する場となっていたことである。農業生産に特化した農村とは、その点が決定的に異なった。政治活動を志向する者が集まれば政治都市、経済活動に従事する者が集まれば経済都市、文化活動を望む者が集まれば文化都市の顔を持った。

都市は政治・経済・文化活動を牽引《けんいん》する場として、地域や国家の歩みを主導したのであり、そんな都市の歴史から地域や国家の歴史がみえてくる。なかでも、国のトップが本拠を置く都市が都《みやこ》として各都市の頂点に立っていた。首都として政治のみならず、経済や文化の中心地としても繁栄した。

日本の歴史では天皇のお膝元が都とされ、京都が千年以上にわたって都としての地位を

保つが、天皇から征夷大将軍《せいいたいしょうぐん》に任命された武家の棟梁《とうりょう》が国政を代行する時代も長く続いた。幕府である。いわゆる武家政治の間は、鎌倉や江戸が京都と並存する形で事実上の都だった。

京都が都として定着するまでは、天皇の代替りのたびに都は転々とするのが通例であった。天皇一代の間に、四度も遷都《せんと》した時代さえみられた。

遷都のたびに、新しい都が誕生した一方で、それまでの都は廃都となった。かつての威容・栄華は失われ、その存在は忘れ去られる。「盛者必衰《じょうしゃひっすい》」「驕《おご》れる者は久しからず」の光景が繰り返された。

そんな興亡の歴史は首都たる都だけにみられたものではない。そうした事情は都市についてもあてはまる。都市の範疇《はんちゅう》には城下町、商人町、港町、門前町などが含まれるが、それぞれ有為転変《ういてんぺん》が激しかった。だが、首都に比べると、その興亡史は全国的にあまり知られていないのが実状である。

しかし、首都はもちろん、都市の興亡も興味深い事実に満ちている。各都市固有の歴史文化も浮かび上がってくる。

本書で取り上げる十六の都市は朝廷や幕府が置かれた都のほか、城下町、商人町、港町、

門前町に分けられる。都は政治都市のイメージが強いが、都市が政治・経済・文化活動を牽引する場である以上、経済・文化都市の顔もあわせ持った。政治色がとりわけ濃い都市こそ都と表現した方が正確かもしれない。

都といっても永続的だったのは京都や江戸（東京）ぐらいで、他の首都は一時代にとどまる。遷都されれば、経済色や文化色が濃い都市となった。

前者の事例としては大坂や神戸、後者の事例としては奈良や鎌倉が挙げられる。都が移されれば政治都市から経済・文化都市に変身し、都となれば政治都市に変身するわけだ。そして、首都、城下町が政治都市、商人町、港町が経済都市、門前町が文化都市に分類されるだろう。

古都という言葉がある。かつて都が置かれた場所を指す言葉で、京都を筆頭に奈良、鎌倉が代表的な古都だが、古い歴史を持つことが必須の要素だった。

本書では日本史の分岐点となった戦国時代以来の歴史を持つ都市を古都と定義し、その歴史を追った。江戸時代つまりは徳川時代に入ると、都市の特性がほぼ固定し、それが現在のイメージを形作っている。そのため、徳川時代を下限として、その歴史をさかのぼる記述になっている。

本書では、都市の興亡史のうち江戸時代までを範囲として、日本各都市の栄枯盛衰を解き明かしていく。歴史教科書には書かれていない意外な事実の数々を知ることで、首都の歴史だけからは見えてこない知られざる歴史のダイナミックさが味わえるのである。

本書執筆にあたっては潮出版社出版部の佐藤遼平氏のお世話になりました。末尾ながら、深く感謝いたします。

二〇二三年五月

安藤優一郎

徳川時代の古都
——知られざる都市の栄枯盛衰

目次

装幀：Malpu Design（清水良洋）
本文：Malpu Design（佐野佳子）
ＤＴＰ作成：明昌堂

徳川時代の古都

知られざる都市の栄枯盛衰

京都

戦乱で何度も焼け野原となった首都

遷都の危機もあった京都

古都の象徴京都が日本の代表的な観光都市であるのは論を俟《ま》たない。

京都には千年の都というキャッチフレーズがあるが、その長い歴史をたどると、権力闘争の舞台となって激しい合戦が繰り返された都市だったことに気づかされる。戦乱のみならず、大火に見舞われることも珍しくなかった。

そのため、平安時代当時の建物は何一つ残されていない。戦火あるいは火災に遭ってしまったからだ。京都とともに古都のイメージが強い奈良とは、その点が決定的に異なる。千年の都といっても歩んだ道は平坦ではなかったことを、この事実は何よりも示している。都であったがゆえの避けられない道程だった。

千年の都とは言いながら、一時遷都を余儀なくされたこともあった。治承《じしよう》四年（一一八〇）六月の平清盛による福原遷都だ。身内の平家内からも還都論が噴出した結果、遷都は一時的なものに終わり、福原京の歴史は半年にも満たなかった。その後は、明治に入るまで都であり続け、千年の都となる。

延暦《えんりやく》十三年（七九四）に、第五十代の桓武《かんむ》天皇は平安京（京都）に遷都する。それまでは、十年から数十年ぐらいのスパンで遷都が繰り返された。だが、平安遷都以後は福原京の時代を例外として、京都は衰退と復興を繰り返しながら千年以上も都であり続ける。

京都を戦場とする合戦のはじまり

京都で最初に戦乱が起きたのは、平安遷都から約三百六十年後の保元《ほうげん》元年（一一五六）

のことである。この保元の乱を皮切りに、京都やその周辺で合戦が繰り返される。ちょうど平安時代末期にあたる。

長らく、朝廷を構成する貴族と呼ばれる公家たちが権力闘争の主役だった。だが、目的を達するため武士の力を借りたことが、武士が台頭するきっかけとなる。

それまで戦乱がなかったわけではない。地方では戦乱が絶えなかったものの、そこで武力を誇示した源氏や平氏などの武士団が京都でも実力を発揮する時節が到来したのだ。後の応仁《おうにん》の乱の時のように、戦乱のため焼け野原になったわけではないが、都が戦場となったことの衝撃は実に大きかった。京都の人心を震撼《しんかん》させ、武士の力を強烈に認識させる大事件だった。

以後、その実力を誇示した武士が貴族に代わって権力を握る。その先鞭《せんべん》を付けたのが平清盛であった。清盛は貴族の藤原氏と同じく、天皇の外戚《がいせき》となることで権力を握った。天皇と娘の建礼門院《けんれいもんいん》徳子の間に生まれた男子（第八十一代安徳天皇）を皇位に就け、平家一門は絶頂の時を迎える。清盛は朝廷のトップたる太政《だじょう》大臣となって位人臣《くらいじんしん》を極め、一門も高位高官を独占した。

当時の京都（平安京）は西半分（右京）が衰え、東半分（左京）が発展していた。左京を中心に町場が拡大したことが指摘されている。

なかでも、院政を開始した白河《しらかわ》法皇たちが数多くの寺院を建立した「白河」、巨大な離宮が造られた「鳥羽《とば》」、平家の根拠地だった「六波羅《ろくはら》」の都市化は著しかった。こうして、古代の都としての平安京は中世都市としての京都へと変貌していったと評価されている。

しかし、驕れる平家久しからずではないが、寿永《じゅえい》二年（一一八三）に平家は都落ちを余儀なくされる。平家に代わって、今度は源氏が台頭し、源氏の棟梁たる源頼朝が本拠地鎌倉で幕府を開いた。

ここに武家政治がはじまるが、後の室町・江戸幕府のように鎌倉幕府が国内政治の主導権を握ったのではない。引き続き、朝廷は国内に強い影響力を行使し、幕府を統制下に置こうと目論む。東国は鎌倉幕府が支配を強めつつあったが、畿内《きない》以西の西国は朝廷の支配力が依然として強く、幕府の支配権は及ばなかった。

そうした流れのなか、承久《じょうきゅう》三年（一二二一）には後鳥羽上皇が幕府の実権を握る執権北条義時《よしとき》の討伐に打って出る。いわゆる承久の乱だが、幕府の巻き返しに遭って敗北する。以後、幕府は平家の根拠地だった六波羅に探題《たんだい》を置いて朝廷の動向を監視するとともに、西国支配の強化をはかった。

承久の乱を契機に、幕府は地方政権から全国政権への道を歩みはじめるも、イコール朝廷が権威を失ったわけではまったくない。朝廷と幕府が国政の主導権をめぐって鎬《しのぎ》を削る構図に変わりはなかった。朝廷が政治力を維持したことで、京都は鎌倉とともに政治都市としての地位を保ち、発展を続ける。

鎌倉時代の京都については、京都駅周辺の遺跡の発掘調査により金属工業に従事する職人の工房跡、様々な商人の店舗跡、大量の銭貨などが発見されている。京都が工業、商業、金融の中心地だったことを示す貴重な遺産の数々であった。

京都がさらなる発展を遂げた室町時代

朝廷と幕府が水面下で暗闘を繰り広げるなか、鎌倉幕府が滅亡する時がやって来る。元《げん》弘《こう》元年（一三三一）に第九十六代の後醍醐《ごだいご》天皇が討幕の狼煙《のろし》を上げたことで、幕府に不満を持つ諸勢力が蜂起《ほうき》し、国内は内乱状態に陥った。

そして、幕府を支える立場であるはずの有力御家人《ごけにん》足利高氏《たかうじ》（後の尊氏）たちまでが討幕に呼応したことで、戦いは決着が付く。鎌倉幕府は滅び、後醍醐天皇による建武《けんむ》の新政がはじまるが、その期間は短かった。

　京都をめぐる攻防戦が激しく展開されるなか、京都を占領した尊氏は暦応《りゃくおう》元年（一三三八）に室町幕府を開く。京都に朝廷と幕府が並び立つ時代の幕開けだった。鎌倉時代以前と同じく、京都が唯一の首都となる時代が再びはじまる。

　京都は、鎌倉時代にも増して経済が発展を遂げる。その産物でもある文化も花開いた。金閣寺に象徴される北山文化、銀閣寺に象徴される東山文化の二つは有名だろう。

　しかし、都である以上、権力闘争の舞台となるのは避けられなかった。幕府が置かれて軍事都市としての性格も兼ね備えたことで、戦場となる危険性もたえず孕《はら》んでいた。平時でも武士が大勢集住したからだ。

　それが現実のものとなったのが、応仁元年（一四六七）に勃発《ぼっぱつ》した応仁・文明《ぶんめい》の乱である。当時は将軍の後継問題や管領《かんれい》畠山《はたけやま》氏の相続問題などがきっかけとなって、守護大名どうしの争いが激化していた。細川勝元《ほそかわかつもと》と山名宗全《やまなそうぜん》を中心とする二大勢力が激しい権力闘争を繰り返した結果、京都に軍兵を集めて開戦に及ぶ。

　これまでも、京都を戦場とする合戦は何度となくみられたが、今回の市街戦は中断があったとはいえ、十一年にも及んだ。長期にわたって戦場となったことで、京都の過半が灰《かい》燼《じん》に帰し、焼け野原となった。現在も京都のシンボルとなっている相国寺などの多くの寺社が紅蓮《ぐれん》の炎に包まれた。

花の都だった京都の荒廃ぶりは人々を慨嘆《がいたん》させずには措《お》かなかった。飯尾常房《いいおつねふさ》という武将は「汝や知る　都は野辺の　夕雲雀《ひばり》　揚《あが》るを見ても　落つる涙は」という歌を詠んでいる。かつての栄華を知る者にとっては、荒廃した京都を見るたびに、ただただ涙が止まらないという心情を吐露《とろ》した歌であった。

応仁・文明の乱後の京都の変化

応仁・文明の乱を境に幕府も朝廷も力を失い、下剋上《げこくじょう》をキーワードとする戦国時代へと突入する。京都在住を義務付けられた各地の守護大名も没落し、家臣にその座を奪われる事態が頻発した。京都が焼け野原となったことで、公家が地方の大名のもとに身を寄せる事例も少なくなかった。

よって、応仁・文明の乱後の京都はネガティブなイメージを持たれるのが定番である。応仁・文明の乱が京都を荒廃させたことは間違いないが、イコール衰退の一途をたどったとは言えない。

逆に、荒廃をバネにして発展への道を歩んでいた。見事、復興を遂げるも、その主役は「町衆《まちしゅう》」と呼ばれた市民階級だった。町衆とは社会の混乱のなか、生業《なりわい》をしたたかに拡大させて経済力を高めた商工業者たちを指す言葉である。

以前は散在するような形で人々は京都に住んでいたが、乱後は上京《かみぎょう》と下京《しもぎょう》の南北に集中して住むようになる。御所や幕府が置かれ、公家が住む政治的なエリアであった上京に対し、下京は経済力を高めた商工業者が住むエリアだった。京都復興の主役となる町衆が住んでいた。

人家が密集していったのは、戦乱の世を生き抜くには団結することが何よりも必要と認識したからだが、単に密集したのではない。堀や土塀で囲まれたエリアに集住した。市街戦を経験したことで、戦闘・防御用施設（「構《かまえ》」）を備えた高密度な都市空間を作り上げた。下京の場合、そんな都市空間から町衆による強固な自治組織（共同体）が生まれた。

町衆はいくつかの町の連合である町組《ちょうぐみ》を結成し、これを自治組織の単位とした。町組では町掟を定め、月行事《がちぎょうじ》と呼ばれた指導者を選んで自治の運営にあたった。町衆は京都を支配する幕府などに対抗する一方で、京都周辺から押し寄せてくる農民たちの一揆（土一揆という）にも自衛の手段を辞さなかった。

応仁・文明の乱により、京都の人口は一時減少したものの、その後上昇に転じて十万人以上が住む大都市へと変貌したことはあまり知られていない。経済力を蓄えた町衆が強固な自治組織を作り上げたことが人口増加の要因になっていた。

明応《めいおう》九年（一五〇〇）には、現在も京都最大の祭である祇園《ぎおん》祭が応仁・文明の乱を挟んで約三十年ぶりに復興される。町ごとに山鉾《やまぼこ》を造って参加する山鉾巡行で知られている祭だ。

町衆は祇園祭を通して自分たちの力を誇示することで、京都の復興が町衆により実現したことを広く内外に示そうとしたのだ。京都の経済のみならず、文化を牽引していたことが視覚化されたイベントだった。

時代は戦国時代に入っていたが、京都の町衆が結成した自治組織は他の都市でも確認できる。この時代、堺や博多などの港町は自治都市の代表格とされるが、京都にしても経済の発展を背景に町衆による自治が行われていた。

泰平の世で観光都市の顔を持つに至った京都

堺のような自治都市の顔も持っていた京都だが、戦国時代が終わって天下統一が実現されると、豊臣秀吉そして江戸幕府の支配下に入る。堺や京都にしても自治は否定されたにも拘らず、都市支配を円滑に進めるため、ある程度の自治は容認されたのが実態であった。町人を名主などの町役人に登用した上で、支配を委任したのである。こうした幕府のスタンスは、京都だけでなく江戸などの都市でも確認できる。

従来、京都は政治都市の顔を持っていたが、江戸時代の京都はそうではない。鎌倉時代、朝廷は国政の主導権をめぐり幕府と鎬を削るほどの政治力を有した。室町時代には幕府も置かれたが、江戸時代は事情が異なる。

朝廷は幕府の統制下に置かれて牙を抜かれ、政治力をまったく失う。京都は都ではあるものの、それまでの時代とは違って政治都市ではなくなる。江戸が唯一無二の政治都市であった。

しかし、それまでの歴史の積み重ねにより、文化や技術面では他の都市の追随を許さなかった。その中心地として発展を続ける。京都は日本最大の産業都市としての地位を保つ。人口も三十～四十万人を数えた。人口百万を超えた江戸、五十万余の人口を抱えた天下の台所・大坂には及ばなかったが、両都市と合わせて三都と称される巨大都市だった。

京都には江戸・大坂にはない長い歴史という強みもあった。千年の都としての魅力が人々を惹《ひ》き付けたのであり、観光都市としての京都は江戸時代にはじまったと言えるかもしれない。

安永《あんえい》九年（一七八〇）には、京都とその周辺の名所を紹介した『都名所図会《ずえ》』が刊行される。京都のガイドブックである『都名所図会』は好評を博したが、それだけ観光都市としての魅力に満ちていた。

なお、『都名所図会』の人気に刺激を受けた江戸の町名主斎藤幸雄《さいとうゆきお》は江戸の名所を紹介する『江戸名所図会』の刊行を企画する。その編纂は大事業となり、孫の斎藤月岑《げっしん》の代になって、『江戸名所図会』（七巻二十冊）が刊行された。

京都の三大大火と禁門の変

衰退と復興を繰り返した京都がダメージを被《こうむ》った要因は戦乱だけではない。災害とりわけ火災もその要因として挙げられる。泰平の世の江戸時代は幕末を除いて戦乱に見舞われることはなかったものの、火災からはさすがに逃れられなかった。

平安時代以来、京都は火災に苦しめられた都市であり、江戸時代の京都も三つの大火に見舞われている。宝永《ほうえい》五年（一七〇八）の宝永の大火、天明《てんめい》八年（一七八八）の天明の大火、元治《げんじ》元年（一八六四）の元治の大火の三つだが、なかでも天明の大火は平安時代以来でみても最大の火災とされる。

大火に発展する場合は、出火まで晴天が続いて乾燥し、出火後は強風に煽《あお》られて大火となる点が共通している。天明の大火では一月三十日から三日間、延焼し、寺社や町屋だけでなく、御所や二条城までが焼失した。京都の経済は大打撃を被る。

元治の大火は、戦乱を原因とする大火だった。

幕末に入ると、幕府の勢いが衰えた一方で、朝廷の権威が急浮上する。江戸に代わって、政局の舞台となった京都が政治都市として復活を遂げる。

将軍や諸大名は江戸を離れて在京することが多くなり、それに伴い大勢の幕臣や藩士たちも住みはじめる。これに諸国から集まってきた尊王攘夷《そんのうじょうい》の志士たちも加わり、京都の人口は激増した。

そうしたなか、幕末の政局で敗北した長州藩が捲土重来《けんどちょうらい》を期して京都に乱入し、薩摩藩や会津藩と戦火を交える。蛤御門《はまぐりごもん》の変と通称される禁門の変だが、この戦乱で起きた火災が元治の大火だった。

この大火では京都の過半が焼失する。その傷跡は大きく、復興には十年以上を要したが、既に時代は明治に入っていた。

東京遷都後の京都

京都で繰り広げられた権力闘争で最終的に勝利したのは、薩摩・長州藩を中軸とする討幕派だった。慶応《けいおう》三年（一八六七）十二月には、天皇をトップとする新政府が京都に樹立される。翌四年（一八六八）正月三日に勃発《ぼっぱつ》した鳥羽・伏見の戦いで勝利を収めることで新政府の礎《いしずえ》は固まった。

そのまま、名実ともに京都が都かと思いきや、新政府は京都からの遷都を計画していた。欧米列強に負けない近代国家を造り上げるには旧習の打破が不可欠と考え、その手段として遷都を目論む。

当初は大坂遷都が計画されたが、公家たちの猛反発に遭って流れる。だが、新政府首脳の薩摩藩士大久保利通たちは不退転の決意をもって、今度は江戸つまり「東京奠都《てんと》」という名の遷都を強行し、千年の都の歴史にピリオドを打った。

これにより京都の人口は減少し、経済も不況に陥る。遷都に反対した公家たちも時代の流れには抵抗できず、東京へ移り住んでいった。その需要に応える形で生業を成り立たせた商人や職人たちにしても、出入先が消滅した以上、京都を去る者は跡を絶たなかった。

京都を本拠に呉服商と両替商を営んできた三井家などの豪商も例外ではない。東京に拠点を移したため、不況は深刻化する。

景気が悪くなれば、社会不安が増幅するのは避けられない。不穏な情勢に陥った京都では政府要人へのテロ行為も起き、幕末の殺伐とした状況に逆戻りしてしまう。

明治維新により衰退した京都を復興させることは、明治政府にとって焦眉《しょうび》の課題となる。そこで採用された手法の一つが京都の国際観光都市化であった。観光により京都の経済復興を果たそうという現代に通じる政策と言えよう。

京都の美や風俗は海外からも称揚《しょうよう》されていることを背景に、千年の都の魅力が京都を観光都市として再生させていく道程がここにはじまるのである。

奈良

天皇が去った都のその後

平城京から派生した奈良の町

奈良は京都とともに古都の代表格だが、都であった期間はその十分の一にも満たない。廃都後は他の廃都と同じく在りし日の姿を失うも、巨大寺院を核に都市として発展を遂げる基盤が残されたのは幸運だった。奈良は「南都」とも称されるが、そんな奈良の町の発展を象徴する俗称と言えよう。

京都の町が平安京を基盤に拡大したのに対して、奈良の町は平城京のうち「外《げ》京《きょう》」と呼ばれた区画を核に発展する。ちょうど近鉄奈良駅がある辺りで、古都奈良を代表する寺院・興福寺が立つ。外京のすぐ外側には、これまた奈良を代表する東大寺が立つ。

奈良が古都たりえた理由となる寺院が奈良時代には集まっていたが、観光名所としての人気が高まったのは実は江戸時代に入ってからのことだった。

廃都後の歩みを追うことで、奈良が古都として再生した背景を解き明かす。

平城遷都の背景と寺院の移転

和銅《わどう》三年（七一〇）三月、第四十三代の元明《げんめい》天皇は藤原京から平城京に遷都した。当時は遷都が繰り返された時代だが、藤原京の時代より中国（唐）に倣《なら》った都が造営される。

南北に走る朱雀大路《すざくおおじ》を中央に置いた上で、東西・南北に走る幾筋もの大路を碁盤の目のように配置した左右対称の方形型の条坊制が採用されたのである。大路により区分された東西の列は条、南北の列は坊と名付けられたことが条坊制と呼ばれた所以《ゆえん》だ。朱雀大路を境に、東側は左京、西側は右京と呼ばれた。

藤原京の規模は東西五・三キロメートル、南北四・八キロメートルで、後の平城京や平安京をしのぐ大きさだった。だが、唐をモデルとした律令国家の建設を急ピッチで進める朝廷としては、その中心たる都はもっと水陸交通の便がよく、都にもふさわしい場所に置きたかった。

そこで選ばれたのが、藤原京から約二十七キロメートル離れた平城の地なのである。奈良盆地の北端に位置したが、北に山、南に池、東に川、西に道があったため、中国の陰陽思想に基づけば都を置くのに最も適切な土地と考えられた。

都には全国各地から租税や様々な物資が大量に集まってくる。水運なくして大量の物資輸送は叶わない以上、何よりも水運の便が都を置く際には決め手となった。平城京の場合、平城《なら》山を越えれば木津《きづ》川が流れており、木津川を経由して淀《よど》川に入れば現在の大阪湾（難波）そして西国に通じた。淀川をさかのぼれば宇治川となるため、東国の入り口となる琵《び》琶《わ》湖が見えてくる。

こうした水上交通の便を踏まえて、唐の都・長安をモデルとした平城京が造営される運びとなる。平城の地には集落が散在したものの、主に水田が広がる農村地帯であった。いわば更地に近く、新たに都を造るには好都合だった。

平城京は東西四・二キロメートル、南北四・八キロメートルの規模で、藤原京より少し小さめだが、藤原京と異なっていたのは左京が左側に張り出していたことである。興福寺などが立つ外京と呼ばれた区画だ。この外京を合わせると、二千四百平方メートルの面積となる。

天皇の居所・平城宮は平城京の最北端中央に置かれた。人口は十万人を越えなかったと推定されている。

平城京には数多くの寺院が建立されたが、遷都により飛鳥や藤原京から移ってきた寺院と、新たに建立された寺院の二種類があった。

前者には元興《がんごう》寺（元の飛鳥《あすか》寺）、薬師寺（元の本薬師寺）、そして平城遷都を積極的に推進したとされる藤原氏の氏寺《うじでら》・興福寺（元の厩坂《うまやさか》寺）。後者では光明《こうみょう》皇后が建立した法華《ほっけ》寺（後の総国分尼寺）。考謙《こうけん》上皇が建立した西大寺、鑑真《がんじん》が建立した唐招提《とうしょうだい》寺などが挙げられる。

平城遷都により藤原京は廃都となった。藤原京にあった大極殿《だいごくでん》をはじめとする朝廷の建物は解体され、瓦や建築材などは平城京に運ばれると、建物の建造に再利用された。

興福寺などの寺院も総じて平城京に移ったが、藤原京で生計を立てていた住民たちも同じく移住した。そのため、廃都後は水田などの農地に戻り、藤原京は幻の都となる。都としては、わずか十六年の歴史だった。

仏教隆盛の奈良時代と平安遷都

平城京が都の時代は奈良時代と呼ばれるが、何といっても仏教の隆盛がその特徴だろう。仏法により国家を鎮《しず》めて守護するという鎮護《ちんご》国家の思想に基づき、諸国に国分寺や国分尼寺、都には総国分寺たる東大寺が建立された。いわゆる奈良の大仏は、そんな国家プロジェクトのシンボルであった。

朝廷が鎮護国家の方針を取る限り、寺院勢力が政治に深く関与することは時間の問題となる。平城京には数多《あまた》の寺院があり、後にも先にもこれほどの寺院が都にあった時代はない。

寺院や僧侶が政治に強い影響力を行使するようになった結果、第四十八代の称徳《しょうとく》天皇の時代には前代未聞の事態が起きる。僧道鏡《どうきょう》が大臣禅師や太政大臣禅師に任命され、国政に携わったのである。天平神護《てんぴょうじんご》二年（七六六）には法王位に就く。

天皇は道鏡が実際に皇位に就くことまで密かに望んだ。だが、宝亀《ほうき》元年（七七〇）八月に皇太子を定めないまま崩御《ほうぎょ》すると、道鏡を厚く信任する天皇に不満を持っていた右大臣藤原永手《ふじわらのながて》たちは、天智《てんじ》天皇の孫にあたる白壁王《しらかべおう》を天皇の遺詔《いちょく》と称して立太子させる。十月に白壁王は即位し、第四十九代の光仁《こうにん》天皇となった。最大の後ろ盾を失った道鏡は法王の地位から引きずりおろされ、下野《しもつけ》薬師寺別当に左遷される。

これを機に、皇統は天武天皇系から天智天皇系に移る。六七二年の壬申《じんしん》の乱で、兄天智天皇の皇子である弘文《こうぶん》天皇（大友皇子）に勝利した大海人《おおあまの》皇子は、第四十代の天武天皇となり、皇統は天智天皇系から天武天皇系に移っていた。

天応《てんおう》元年（七八一）四月に光仁天皇は崩御し、皇太子の山部《やまのべ》親王が即位する。第五十代の桓武天皇だが、平城京で即位した最後の天皇でもあった。

桓武天皇は平城京からの遷都を断行した天皇として歴史に名を残すが、その理由としては天智天皇系に皇統が移行したことが挙げられる。元明天皇以来、天武天皇系の天皇が続いた平城京を離れることで、皇統が天智天皇系に移行したことをアピールしたかったのだろう。

数多の寺院の存在も遷都の理由として指摘されている。寺院勢力が政治に強い影響力を及ぼしていたことを懸念し、それから逃れるため遷都したというわけだ。よって、遷都に際しては寺院の移転を許さず、廃都となる平城京にとどまるよう厳命している。

政治の刷新を目指す桓武天皇は遷都により政治基盤を固めようとはかった。最初に選んだのは山城《やましろ》国の長岡である。延暦三年（七八四）に長岡京への遷都を断行するも、七十年以上も都だった歴史は重かった。遷都を強行する桓武天皇に対する反発は強かった。

遷都したといっても、長岡京の造営事業は継続中だった。ところが、翌四年（七八五）九月に造営を指揮していた中納言藤原種継《たねつぐ》が殺害される事件が起きる。遷都への反発が表沙汰になった格好であった。

結局、長岡京は廃都となり、同十三年（七九四）に同じ山城国の平安京への遷都が決まる。以後千年以上にわたって京都が都の時代が続いた。

門前町から生まれた奈良の町

藤原京廃都の時と同じく、廃都後の平城京は荒廃していく。ただ、大同《だいどう》四年（八〇九）

に第五十一代の平城《へいぜい》天皇が弟の嵯峨《さが》天皇に皇位を譲って上皇となった後、平城京に移り住んでいることから、その段階では建物はまだ残っていたようだ。

しかし、平城上皇の没後は荒廃が進む。平城京の大半は元の農地に戻るが、外京だけは別だった。平安遷都の際、桓武天皇が平城京にとどまるよう寺院に厳命したことが、奈良にとっては幸いであった。

興福寺をはじめとする寺院が平城京に残ったことで、門前町として再生する道が開けたからである。それは、寺院に出入りして生計を立てる商人や職人が奈良にとどまることを意味した。

この門前町が発展を遂げることで、現在の奈良の町の原型が形成される。商工業の町として再生の道を歩む。

政治に直接関与する道は閉ざされたとはいえ、依然として寺院勢力は政治や社会に強い影響力を行使した。

そもそも、平安遷都により寺院勢力が退潮傾向に入ったわけではまったくない。京都では天台宗、真言宗という新仏教が登場し、むしろ仏教界は活性化する。天皇をはじめとする皇族や、朝廷の政治を取り仕切る貴族（公家）と密着していたことに何ら変わりはなく、隠然たる影響力を保ち続けた。

政治から遠ざけられた形の奈良では、平安時代の摂関政治を主導した藤原氏が氏寺とした興福寺や、国費を投入して建立された東大寺などの大寺院が土地の集積を各地で進めることで経済力を増す。いわゆる荘園を拡大させ、荘園領主として君臨した。さらには、広大な荘園からあがる富を背景に僧兵という名の武力も蓄える。

南都《なんと》北嶺《ほくれい》という言葉がある。中世（平安・鎌倉・室町時代）において朝廷・幕府も無視できない大きな社会的勢力として君臨した寺院を指す言葉で、南都は興福寺・東大寺、北嶺は延暦寺・園城《おんじょう》寺を意味した。平城京は廃都となったにも拘《かかわ》らず、奈良は興福寺・東大寺が社会的勢力として君臨したことで、門前町のほか政治都市としての顔もあわせ持ったのである。

戦乱に巻き込まれる

しかし、奈良はそれゆえに権力闘争に巻き込まれる場面が出てくる。ついには、合戦の舞台となる。

平安時代末期、平清盛を棟梁とする平家が権力を握るが、これに反発したのは朝廷を牛《ぎゅう》耳《じ》ってきた公家や同じ武士団の源氏だけではない。寺院勢力も平家打倒の動きを隠そうとしなかった。朝廷や公家との関係も深い興福寺や東大寺などの南都の有力寺院も反平家の旗幟《きし》を鮮明にする。

そのため、清盛は「南都焼き討ち」を敢行する。治承四年（一一八〇）のことであった。息子の重衡《しげひら》が軍兵を率いて奈良に押し寄せ、興福寺や東大寺を焼き討ちにかけた。この時、奈良の町の大半も大きな被害を被った。東大寺では大仏殿も焼失し、大仏も損傷を受けている。

平安末期に勃発した源平の争乱に巻き込まれた奈良の町だったが、兵乱が収まると復興への道を歩みはじめる。興福寺や東大寺も鎌倉幕府や朝廷の援助により、伽藍《がらん》が再建された。東大寺大仏殿も再建される。

鎌倉そして室町時代も寺院勢力は社会的勢力として影響力を保ち続ける。だが、戦国時代に入ると、奈良の町は再び戦乱に巻き込まれた。

当時、大和《やまと》国では松永久秀《まつながひさひで》と三好《みよし》三人衆の間で激しい戦いが繰り広げられていた。永禄《えいろく》十年（一五六七）にはその兵火が東大寺の大仏殿に及んだことで、再び灰燼に帰すのであった。

幕府直轄地となった奈良

戦国時代が終わって江戸時代に入ると、ようやく奈良の町にも平穏な日々が訪れる。上方では京都や大坂・堺とともに幕府の直轄都市に組み込まれ、江戸から派遣された旗本が奈良奉行を務めた。それだけ、奈良は重要視された。

京都は朝廷が置かれたこと、大坂は豊臣氏の本拠地だったこと、堺は貿易都市として繁栄した商業の町だったことに注目して直轄地としたが、奈良は門前町としての歴史に注目したのだろう。

京都や大坂に近い立地環境も見逃せない。有事の際には、京都や大坂の後方支援の役割を期待されたはずだ。

江戸時代に入ると、寺院勢力は幕府の強い統制下に置かれ、かつてのような政治に影響力を持つ社会的勢力ではなくなる。しかし、寺社を管轄する寺社奉行には旗本よりも一ランク上の大名が登用された。寺院勢力の影響力は依然として無視できないものだった。

とりわけ、奈良のシンボルである興福寺などは古来より皇族や公家との関係が深かった。皇族や公家が住職を務める門跡寺院でもあり、幕府もそんな由緒を踏まえて直轄地としたのだろう。

江戸時代、奈良の町は二〇五町に拡大し、約三万五千人が住んでいた。京都や大坂の十分の一ほどの規模だったものの、中世以来の商工業都市として発展を続ける。政治都市ではなくなった分、門前町としての顔が前面に出てくるが、泰平の世であったことを背景に、観光都市としての顔も持つようになる。

観光都市奈良の誕生

平安遷都後、奈良は興福寺などの大寺院がとどまったことで門前町として再生する道が開けた。それは観光地としての顔を持ちはじめることを意味した。

当初は公家や僧侶が参詣のために奈良や周辺の寺社を訪れたが、時代が下るにつれて武士や富裕な農民も参詣するようになる。信仰心から参詣を思い立つというよりも、観光を楽しむ方便として参詣を活用する者が増えていく。

江戸時代に入ると、その傾向に拍車がかかる。観光客が増えるとなれば、旅籠《はたご》屋や土産物屋などの観光産業が発展するのは自然の流れだった。

奈良は現代に繋がる観光都市への道を歩みはじめるが、観光地として飛躍する契機となった大きな出来事があった。東大寺大仏殿の再建である。

永禄十年に戦火のため大仏殿は焼失した。それ以来、一世紀半近くにわたって再建されなかった。江戸時代に入っても一世紀以上、奈良の大仏は鎌倉の大仏のように「露座《ろざ》の大仏」だった。

そんな現状を慨嘆し、大仏の補修そして大仏殿の再建に立ち上がったのが東大寺の公慶《こうけい》上人である。時に五代将軍徳川綱吉の時代にあたる。

勧進により集めた浄財により、元禄《げんろく》四年（一六九一）二月晦日には修復が完了する。翌五年（一六九二）三月八日からは一ヶ月間にわたって大仏開眼供養が執行されたが、期間中の人出は物凄いものだった。奈良の町の旅籠屋は宿泊客で溢れ、土産物屋でも売り切れが続出した。凄まじい経済効果が顔を覗かせている。

次の課題は大仏殿の再建となるが、単なる勧進だけではさすがに無理で、幕府の援助が必要だった。よって、将軍綱吉と母桂昌院《けいしょういん》から崇敬されていた僧隆光《りゅうこう》に取り成しを願い、資金面で幕府のバックアップを受けることに成功する。同十四年（一七〇一）、幕府は諸大名に対し、石高に応じて再建費を差し出すよう命じた。

大仏殿が再建されたのは、宝永五年（一七〇八）六月のことである。同六年三月からは大仏殿落慶大法会《ほうえ》が執り行われた。

この時も東大寺はもちろん、奈良の町への人出は凄まじかった。参詣客つまりは観光客が押し寄せた。

大仏の修復や大仏殿の再建は、奈良を観光地として飛躍させる歴史的役割を果たした。現代に続く観光都市奈良としての歩みが本格的にはじまるが、元をただせば、平安遷都の際に数多の寺院がとどまったことがすべてだったのである。

鎌倉

鎌倉幕府滅亡後のすがた

政治都市だった鎌倉

　鎌倉といえば、観光地のイメージが非常に強い都市である。鶴岡八幡宮、長谷《はせ》寺の大仏、鎌倉五山など名立たる寺社の門前町として、京都や奈良のような古都の街のイメージが定着している。

　しかし、鎌倉は幕府という武家政権が最初に誕生した政治都市であった。鎌倉時代は将軍のお膝元であり、政局そして合戦の舞台として歴史に何度となく登場する。権力闘争の舞台となったことで血なまぐさい事件も避けられず、鶴岡八幡宮で三代将軍源実朝《さねとも》が暗殺された事件などはその象徴である。

そんな鎌倉も京都に幕府が置かれた室町時代に入ると、フェードアウトしてしまう観は否めない。鎌倉幕府が滅んだことで武家の都としての歴史は終わったはずだったが、鎌倉将軍府そして鎌倉公方《くぼう》が置かれたことはあまり知られていないかもしれない。依然として公方と称された将軍のお膝元であったため、鎌倉は政治都市としての地位を保った。引き続き、政局や合戦の舞台となっている。

そんな政治都市の鎌倉が現代のような観光都市に変身したのは、いつの頃だったのか。鎌倉の歴史をさかのぼることで、その転機となった時代をみていく。

幕府の都となった鎌倉と鶴岡八幡宮

平家打倒を旗印に挙兵した源頼朝が鎌倉に入ったのは、治承四年（一一八〇）十月のことである。父源義朝《よしとも》が館を置いた由緒もあり、以後鎌倉を本拠地とする。東国支配を固めた後、朝廷の許可を得て幕府を開いた。

頼朝は鎌倉を本拠地とすると、源頼義《よりよし》が勧請《かんじょう》した八幡宮を遷座させる。鎌倉の代名詞となる鶴岡八幡宮だ。それまでは由比ガ浜近くに鎮座していたが、現在地に移され、あわせて社殿の整備が進められた。由比ガ浜から八幡宮に向けて走る若宮大路なども造成される。

幕府の御所は鶴岡八幡宮近くの大蔵（倉）に置かれた。俗に大蔵幕府という。頼朝から実朝まで三代にわたる源氏将軍の時代、実朝横死後の将軍不在の間、尼将軍として幕府を取り仕切った北条政子の時代が大蔵幕府の時代にあたる。嘉禄《かろく》元年（一二二五）までの四十年ほどである。

翌二年（一二二六）、京都の藤原摂関家から迎えた九条《くじょう》頼経《よりつね》が四代将軍の座に就くが、それに先立って、嘉禄元年に宇都（津）宮辻子に御所は移された（宇都宮辻子幕府）。しかし、嘉禎《かてい》二年（一二三六）には若宮大路に移り（若宮大路幕府）、そのまま新田《にった》義貞《よしさだ》による鎌倉攻めの時を迎える。

源氏の将軍が三代で途絶えた後、将軍を補佐する執権職にあった有力御家人の北条氏は、政治能力を持っていない皇族などを名ばかりの将軍とすることで幕府の実権を握る。これが世に言う執権政治であった。

北条氏は三浦氏をはじめとする有力御家人を次々と倒し、執権はじめ幕府の要職を一族で独占した。一連の権力闘争の過程では、三浦氏が倒された宝治《ほうじ》合戦などが鎌倉では起きている。北条氏は幕府を牛耳ることに成功するが、幕政から排除された他の有力御家人たちの間には、不満が募っていく。

その不満が一気に爆発するきっかけとなったのが、天皇親政の実現を念願する後醍醐天皇の討幕運動だった。

綸旨《りんじ》という形で発せられた天皇からの討幕の命令は、北条氏が仕切る幕府に不満を抱く武士たちを立ちあがらせる。元弘三年（一三三三）五月七日、有力御家人の足利高氏（尊氏）は北条氏が京都に設置したミニ幕府とも言うべき六波羅探題を攻め滅ぼした。同二十二日には、北条高時率いる北条一門は鎌倉に攻め入った新田義貞のため自害して果てた。

紅蓮の炎に包まれるなか、約百五十年続いた鎌倉幕府は滅んだ。

室町時代も鎌倉には将軍がいた

鎌倉幕府滅亡を受けて後醍醐天皇による建武の新政がはじまるが、新政への不満は大きかった。社会の動揺が収まらなかった結果、鎌倉は何度となく戦場となる。

天皇は関東の統治機関として鎌倉将軍府を置いた。皇子の成良《なりよし》親王を将軍として鎌倉に据え、高氏改め尊氏の弟直義を補佐役とした。

ところが、建武二年（一三三五）七月十四日に、鎌倉を追われた北条氏が幕府再興を目指して信濃《しなの》国で挙兵する。

北条一門は鎌倉で自害したものの、高時の忘れ形見である時行《ときゆき》は鎌倉を脱出し、信濃の諏訪《すわ》氏のもとに保護されていた。この時行が鎌倉幕府再興を期待する東国の武士たちをバックに、鎌倉へ向かったのである。

建武の新政への不満を背景に、北条勢は破竹の勢いで鎌倉に攻め入った。直義はその勢いを防ぎ切れず、鎌倉放棄を決断する。同二十五日、北条勢は足利勢の去った鎌倉を占領した。成良親王を奉じて三河まで後退した直義は、兄尊氏に救援を求める。

当時京都にいた尊氏は天皇の制止を振り切り、東海道を東に下った。今度は足利勢が破竹の勢いで北条勢を破り、八月十九日に鎌倉を奪還した。

鎌倉に入った尊氏は天皇に反旗を翻《ひるがえ》す。天皇親政を否定して室町幕府開府を目指す道程がはじまった。

以後、後醍醐天皇を奉じる南朝方と尊氏率いる北朝方の戦いが全国各地で繰り広げられるが、鎌倉の争奪戦も激しかった。三度にわたって南朝方が鎌倉を占領するも、三度にわたって北朝方が奪還している。

南北朝合一後も、鎌倉の政情は不安定だった。

尊氏は京都で幕府を開いたこともあり、関東にはミニ幕府とも言うべき鎌倉府を置いた。息子の基氏《もとうじ》を鎌倉（関東）公方として派遣し、関東の統治を任せる。鎌倉は公方つまりは将軍のお膝元として、引き続き政治都市であった、

尊氏の嫡男義詮《よしあきら》とその子孫が将軍職を代々継承したのに対し、義詮の弟にあたる基氏とその子孫は鎌倉公方を継承した。ところが、時が経つにつれて将軍と鎌倉公方の関係がぎくしゃくしてくる。鎌倉公方が幕府から独立する傾向が顕著となり、統制がきかなくなるのだ。

鎌倉公方の動向を危険視した幕府は武力で抑え込む機会を窺うが、永享《えいきょう》十年（一四三八）にその機会が訪れる。時の鎌倉公方足利持氏と対立した関東管領上杉憲実《のりざね》が幕府に救援を求めたことを好機として、持氏の討伐に乗り出す。永享の乱のはじまりだが、鎌倉をめぐる攻防戦は幕府軍の勝利に終わり、持氏は自害して果てた。

その後、持氏の子である成氏が鎌倉公方に任命されるが、やがて管領の上杉憲忠《のりただ》（憲実の子）と対立する。享徳《きょうとく》三年（一四五四）には成氏が憲忠を殺害したため、関東は享徳の乱と称される戦乱状態に陥った。

翌四年（一四五五）、鎌倉を出陣した成氏は武蔵《むさし》国の分倍河原《ぶばいがわら》で上杉勢を破るが、その間に鎌倉を奪われてしまう。やむなく、成氏は下総《しもうさ》国の古河《こが》に入り、古河公方として上杉勢との戦いを続けた。

この後、足利一門が公方として鎌倉に入ることはなかった。鎌倉府は事実上消滅する。鎌倉をめぐって激しい攻防戦が繰り返された理由は、何よりも鎌倉府が置かれたことに求められる。つまりは鎌倉が政治都市であったからだが、鎌倉府の消滅により関東の中心としての地位を失うことで、鎌倉をめぐる攻防戦も鎮静化する。

戦国時代に入ると、鎌倉に代わって小田原が関東の中心となった。関東の覇権を握った戦国大名の北条氏が小田原城を居城としたからだ。それに伴い、鎌倉は政治都市ではなくなる。合戦の舞台でも政局の舞台でもなくなるのである。

戦国時代からは衰微していた

天正《てんしょう》十八年（一五九〇）七月五日、小田原城に籠城していた北条氏は天下統一を進める豊臣秀吉の大軍の前に開城を余儀なくされる。北条氏は改易《かいえき》となり、その旧領は徳川家康に与えられた。

家康は秀吉の指示に従い、北条氏の時代は支城の一つに過ぎなかった江戸城を居城に定める。以後、江戸が関東支配の中心となった。

慶長《けいちょう》八年（一六〇三）二月には、家康が征夷大将軍に任命される。将軍のお膝元として日本の中心となるが、その頃、かつての武家の都鎌倉はどうなっていたのか。

政治都市ではなくなったことにより、往時の面影を失っていた。

室町時代までは将軍あるいは鎌倉公方のお膝元として栄えた鎌倉だが、鎌倉府の消滅に加え、戦国時代には北条氏の居城が置かれた小田原に関東の中心が移ったことで、時代の流れからフェードアウトする。人口も減少し、街は急速に寂れていく。

江戸時代に入っても、しばらくは寂れた状態が続いた。「坂東《ばんどう》の一寒村」と評した記録もある。町場が麦畑に変じた場所まであった。そのため、時代から取り残された鎌倉に関心を持つのは、かつての鎌倉の栄華を知る知識人階級に限られた。

かつて鶴岡八幡宮や鎌倉五山などの寺社は幕府から手厚い援助を受けたが、鎌倉が歴史の表舞台からフェードアウトしていくと、風向きが怪しくなる。北条氏や徳川幕府からは所領や社殿造営費の寄進を受けていたものの、充分ではなかったのだ。

三代将軍家光の時代にあたる寛永《かんえい》十年（一六三三）に、臨済宗の僧侶沢庵《たくあん》和尚が鎌倉五山を訪れた記録（『鎌倉巡礼記』）が残っている。沢庵によれば、鎌倉五山第一の建長寺には住む人もなく、夜は狐狸《こり》のすみかとなっている。浄智《じょうち》寺も仏殿の本尊が荒れ果てている有様。寿福《じゅふく》寺に至っては住職の建物である方丈《ほうじょう》もなかったと、五山の荒廃ぶりを嘆いた。

鎌倉のシンボルたる五山がこんな状態であるから、他の寺社などは推して知るべしであった。

水戸黄門がみた鎌倉

しかし、鎌倉時代以来、将軍のお膝元として歩んだ二百数十年余の歴史は大きかった。武家の都だった歴史を伝える書物が江戸初期には刊行されたことで、知識人の関心が高まっていく。

鎌倉幕府の事績を記した『吾妻鏡』、南北朝時代の戦乱を描いた『太平記』などでは、鎌倉を舞台にした歴史が取り上げられたが、そこに登場する名所旧跡を巡って知的関心を満たすことが一種のブームとなっていたのである。泰平の世に入ったことも、そうした傾向に拍車をかける。

水戸黄門で知られる水戸藩の第二代藩主徳川光圀《みつくに》は『大日本史』編纂に象徴されるように、日本の歴史に強い関心を持った人物で、延宝《えんぽう》二年（一六七四）に鎌倉まで旅行している。鎌倉には水戸藩初代藩主頼房の養母お勝の方（家康の側室）が建立した英勝寺があり、水戸藩の姫君が代々住職を勤めていた。

同年四月末に水戸を出発した光圀一行は、五月二日に上総《かずさ》から船で武蔵国久良岐《くらき》郡六浦《ろくうら》湊《みなと》に渡っている。六浦上陸後、鎌倉に入った光圀たちは英勝寺を宿所として、以後七日間にわたり鎌倉・江の島・金沢の名所旧跡を訪ねた。その記録が『鎌倉日記』として残されている。

だが、『鎌倉日記』は単なる史跡巡りの紀行文ではない。そもそも、光圀一行の鎌倉旅行は『大日本史』編纂事業の一環であり、鎌倉時代に関する資料調査を目的としていた。

そして、この時の現地調査をもとに水戸藩が編纂したのが、鎌倉の地誌としては最も詳細なものと評価される『新編鎌倉志』だった。五代将軍綱吉の時代にあたる貞享《じょうきょう》二年（一六八五）に刊行されている。

『新編鎌倉志』の刊行は『大日本史』編纂の副産物だったが、鎌倉の存在を人々に改めて認識させ、鎌倉への旅心をかきたてることになった。

江戸出開帳という寺社の営業活動

こうした出版メディアに取り上げられることで、鎌倉への関心はいやが上にも高まるも、江戸前期の段階で鎌倉を旅するのは光圀など知識人に限られていた。

だが、江戸中期以降は庶民も鎌倉を旅するようになる。その際には、江の島や金沢などの史跡巡りも楽しむのが定番だった。

この頃には、鎌倉および周辺が江戸近郊の観光地として賑わっていた。江戸の経済発展により、庶民の懐にも余裕が生まれたわけだが、鎌倉の寺社や旅籠屋の営業努力も見逃せない。

寺社側の営業努力からみていこう。

寺社が本堂や社殿などの建物を修復する際には、開帳により費用を確保するのが通例である。開帳とは期間限定で秘仏などを公開して信徒に結縁の機会を与える宗教的行事のことで、自院の境内で行う居開帳《いかいちょう》と、他の寺社の境内を借りて行う出《で》開帳の二種類があった。

寺社側としては開帳時に集まるお賽銭《さいせん》や奉納金などの浄財を修復費として期待したが、地方の寺社の間で江戸出開帳の人気は高かった。百万人もの定住人口のほか、仕事や旅行で江戸を訪れる者も多く、おのずから多額の浄財を期待できた。

よって、鎌倉の寺社も江戸出開帳には積極的だったが、その際には秘仏の拝観のみならず、秘宝を展示することで参詣を促すのがお決まりのパターンである。『吾妻鏡』などの古典を通じて広く人口に膾炙《かいしゃ》した宝物を展示している。

例えば、天明《てんめい》二年（一七八二）と文政《ぶんせい》十二年（一八三〇）の鶴岡八幡宮の出開帳では頼朝が守り本尊とした観音像が展示された。これは治承四年の石橋山の戦いで頼朝が髻《もとどり》の中に結び込めていた丈二分（約六センチメートル）の観音像であり、その御加護により九死に一生を得たエピソードは『吾妻鏡』を通じて広く知られていた。

鶴岡八幡宮としては、頼朝を救った観音像を拝観して御利益にあずかりたい人々の気持ちを見透かし、参詣者の増加を狙った。要するに、浄財が増えることを期待したのである。

観光都市鎌倉の誕生

江戸出開帳は鎌倉の寺社に浄財をもたらしただけではない。鎌倉そのものへの関心を高め、旅心をくすぐる効果をもたらした。名所旧跡を巡ることで、将軍のお膝元であった歴史を追体験できることは魅力的だった。

こうして、鎌倉は人気観光地として注目を浴びるが、観光客を呼び込むための旅籠屋の営業努力も大きかった。鎌倉の寺社や名所旧跡を紹介するガイドマップである鎌倉図絵のほか、鎌倉の来歴や寺社について概説する小冊子を旅籠屋みずから刊行している。鎌倉の旅籠屋はピーアール活動にたいへん熱心だった。

江戸後期に入ると寺社の境内でも鎌倉図絵が販売されるが、図絵や概説本を手に観光客を案内するビジネスも生まれてくる。農閑期、鎌倉の観光ガイドは地元の農民たちの格好のアルバイトになっていた。

寺社や旅籠屋などの営業努力により、鎌倉は観光都市として再生するが、巨大人口を抱える江戸から片道一泊程度の近距離に位置した立地環境の良さも追い風となる。さらに、鎌倉ほど由緒ある寺社が集中している都市は関東にはなかったことも大きかった。

将軍のお膝元の歴史を持つ鎌倉が現代に繋がる観光都市に変身したのは、江戸時代に入ってからだった。それまでの歴史の重み、寺社や旅籠屋の営業努力、立地環境の良さ、由緒ある寺社の集中などの要因が背景として指摘できるのである。

江戸

豊臣秀吉により関東の中心と定められた

徳川家康にとって江戸は敵地だった

天正十八年（一五九〇）に徳川家康が本拠地と定めたことで、江戸は百万都市への道を歩みはじめる。慶長八年（一六〇三）には、江戸に幕府を開いたことで事実上の首都にもなった。

そのため、家康は江戸とセットで捉えられがちだが、実は四十九歳の時まで江戸とは何のゆかりもなかった。家康七十五年の生涯でみれば、後半生に入ってからの関係である。

家康は東海地方の戦国大名として頭角を現した人物だ。江戸はもとより関東との縁もなく、もとを正せば敵地だった。

関東の覇権を握っていた北条氏の討伐で軍功を挙げ、豊臣秀吉から論功行賞としてその旧領を与えられた前史があった。長らく北条氏を領主としていた関東の人々からは、占領軍、進駐軍のような存在として見られたことだろう。

そんな敵地を支配するにあたって居城に定めたのが江戸城なのだが、これは秀吉の命であった。家康自身の意思で決めたことではなかった。

家康の関東入国以前から江戸は賑わっていた

百万都市へと発展した江戸については、今なお強く信じられている伝説がある。家康が入城する前は葦原《あしはら》が広がり、家が点在する寂れた漁村だったという言い伝えだが、それは事実ではない。

家康が入城する前から、江戸は城下町として相当な発展を遂げていた。湿地帯ではあったものの、家が点在する寂れた漁村では決してなかった。

湊には諸国からの商船が頻繁に出入りしていた。城下には商人が群集し、市も毎日開かれた。人家も密集しており、点在という描写は正確ではない。

そもそも、江戸は関東における陸上・水上交通の要衝《ようしょう》であった。

陸上では鎌倉街道や甲州街道によって、鎌倉・小田原・岩付（現在の岩槻）・古河・武蔵府中・八王子・河越（現在の川越）など関東各地の主要都市と繋がっていた。水上では利根川・荒川・多摩川などの河川を通じて、関東の奥地と結ばれていた。江戸湾を介して、相模・武蔵・下総・上総・安房とも直結する湊町だった。

このような陸上や水上交通のターミナルとして栄えたことに目を付けて江戸に城を築いた武将こそ、名将の誉れ高い太《おお》田《た》道灌《どうかん》である。道灌が江戸築城に着手したのは康正《こうしょう》三年（一四五七）のことだが、関東は享徳の乱と呼ばれた騒乱状態にあった。時代は戦国時代の幕開けを告げる応仁・文明の乱の少し前にあたる。

話は百年以上さかのぼる。

室町幕府は鎌倉に関東府という行政機関を置き、関東の統治を委任する統治方式を取っていた。当時の関東府のトップは関東公方と称された足利将軍家の一族である成氏だが、その下で関東府の政務を総括した関東管領上杉憲忠と対立する。享徳三年（一四五四）には憲忠を殺害してしまう。

これにより上杉氏と交戦状態に入った足利成氏は鎌倉から下総国古河に本拠を移し、古河公方と呼ばれるようになる。鎌倉を本拠とする上杉氏との長い戦いに入った。この戦乱が享徳の乱であった。

上杉氏は成氏の侵攻に備えるため、武蔵国の川越と岩槻そして江戸に城を築いて、防衛線とした。川越・岩槻城を築いたのが上杉氏家宰《かさい》つまり重臣の太田道真《どうしん》で、江戸城を築いたのがその子道灌だった。家宰とは筆頭家老職のような役職であり、合戦の際には当主に代わって軍勢を指揮することもみられた。

内陸部の川越や岩槻とは異なり、江戸は海（江戸湾）のすぐ近くにあり、湊から船で諸国と往復できた。周囲には山もなく、四方を広く見渡せるメリットもあった。関東における水上交通の要衝であった。陸上交通の要衝でもあったことは先に述べた。

よって、江戸が城下町として発展するのはむしろ当然の成り行きで、江戸城の産みの親たる道灌に先見の明があった。秀吉が家康の関東転封に際し、江戸城を居城に指定したのは的を射た対応と評価できよう。

江戸は葦原が広がり、寂れた漁村だったという描写は全くの虚構だったが、なぜそうした言い伝えが生まれたのであろうか。

家康が入る前の江戸をことさらに過小評価することで、家康の偉大さ、先見の明を強調したい徳川氏すなわち江戸幕府の目論見が秘められていた。家康が葦原の広がる江戸に降り立ち、その後巨大都市へと変貌させたというストーリーを作りたかった。家康を神格化したかったため、それ以前の江戸は葦原が広がり、家が点在する寂れた漁村でなければ都合が悪かったのである。

家康は秀吉の命により江戸城を居城とした

道灌は江戸城を拠点として関東各地を転戦することで、享徳の乱を収束させる。関東は平穏さを取り戻し、あわせて道灌の勇名も轟いた。文明十四年（一四八二）のことだが、江戸が関東の要地であったことが証明されたとも言えよう。

ところが、四年後の同十八年（一四八六）に道灌が主君上杉定正《さだまさ》のため非業の死を遂げると、関東は再び戦乱状態に陥る。江戸城も上杉氏のものとなった。

道灌の死後、関東は本格的な戦国時代に突入する。そこで台頭したのが相模《さがみ》の小田原城を本拠とする北条氏だった。

北条氏が相模から武蔵へと版図を拡大させる過程で、武蔵攻略の最重要拠点と位置付けていたのが、道灌が築城した江戸城である。関東の覇権を握ることになる北条氏も江戸城の重要性は良くわかっていた。

大永《たいえい》四年（一五二四）、いわゆる北条早雲の跡を継いだ氏綱《うじつな》は上杉氏から江戸城を奪取する。北条氏は江戸城を前線基地として、川越城や岩槻城なども次々と攻略して武蔵を平定した。その子氏康《うじやす》は北条氏の版図をさらに広げ、関東の覇権を握る。

しかし、北条氏による関東支配も天下統一を目指す秀吉の前に終焉《しゅうえん》の時を迎える。家康を先鋒とする秀吉軍の前に降伏し、北条氏は改易となった。その旧領には家康が封ぜられて関東転封の運びとなるが、問題は居城をどこに置くかであった。

北条氏は伊豆そして相模を起点に版図を拡げた関係で、当初は伊豆の韮山《にらやま》城、続けて相模の小田原城を居城とした。だが、常陸《ひたち》や下野を除く関東全域に版図が広がるにつれ、小田原城では居城が西に偏り過ぎていた。

よって、秀吉は家康を北条氏旧領に封じるに際し、その支配にあたっては関東の中央部に位置する江戸の方が望ましいとの判断のもと、江戸城を居城に指定したのだろうが、それだけが理由ではない。何よりも江戸が関東の陸上そして水上交通の要衝だったことが理由である。

家康が関東への転封つまり国替えを命じられた経緯だが、小田原攻めの最中にあたる天正十八年（一五九〇）五月二十七日に関東転封を内示されている。この件が公表されたのは小田原開城後のことだが、関東転封の風評は攻城中の秀吉軍の陣中で既に流布していた。

家康に国替えを内示した秀吉自身が関東転封の風評を流したのである。水面下で家康に国替えを打診するとともに、国替えの情報をリークすることで外堀を埋めようとしていた。家康に関東転封を承知させるための高等戦術だった。

六月二十八日には、家康が江戸城を新たな居城とすることも決まる。これもまた秀吉の指示によるものであった。七月五日に、当主北条氏直《うじなお》が城を出たことで小田原開城となる。秀吉が小田原城に入ったのは同十三日のことである。

この日、家康の関東転封が公表された。

家康を関東に封じた秀吉の狙い

関東転封とは、当時百万石ほどの身上の家康からすると、数字上はゆうに倍増だった。北条氏旧領の約二百四十万石に加え、近江などで別に与えられた所領を含めると石高は二百五十万石を超えた。秀吉に服属した諸大名のなかではダントツだ。その次は毛利元就の孫にあたる毛利輝元だが、身上は半分以下の百二十万石にとどまる。

だが、艱難辛苦《かんなんしんく》の末に、領国とした五か国（三河・遠江《とおとうみ》・駿河・甲斐・信濃）を取り上げられた上での加増であり、家康や家臣団にとっては、まさしく青天の霹靂《へきれき》であった。大いに動揺したのは言うまでもない。

家康には秀吉と戦火を交えた歴史があった。天正十二年（一五八四）四月の小牧・長久手の戦いで秀吉を破ったことはよく知られているだろう。同十四年（一五八六）十月に至って秀吉に服属したが、それから四年も経過していなかった。秀吉からすると、さんざん手古摺《てこず》った記憶はまだ生々しく、家康に対する警戒心は強かった。

よって、この国替えには家康の力を削ぐ意図があったという説には説得力がある。秀吉の本拠地である上方から遠ざけたい意図も指摘できるだろう。

江戸幕府が編纂した『徳川実紀』にも、関東転封に家臣たちが大いに驚き、騒いだ様子が紹介されている。関東は久しく北条氏に帰服していた土地であり、領主が家康に代われば、領民が反発して一揆が必ず起きる。不案内な土地で一揆が起きれば、必ず負ける。それに乗じ、敗北の責任を家康に取らせようという秀吉の魂胆は明らかとして、動揺したのだ。

家臣たちが危惧したように、家康の支配に反発して一揆が起き、秀吉から鎮圧できなかった責任を問われて改易となる可能性はゼロではなかった。実際、秀吉によって転封された大名が新領地での一揆を抑え込めず、責任を問われて自害に追い込まれる事例は既にみられた。

小田原攻めに先立つ天正十五年（一五八七）に、秀吉は九州を平定した。越中の領主佐々《さっさ》成政《なりまさ》を肥後に封じたが、その支配に反発して肥後の武士たちが一揆を起こす。この一揆は大規模なもので、九州の諸大名が鎮圧のために総動員されている。一揆は鎮圧されたものの、成政が一揆勃発の責任を問われるのは避けられなかった。翌十六年（一五八八）に、秀吉から切腹を命じられている。

なお、不戦のまま北条氏を臣従させられず、開戦の事態に至ってしまったことへの責任を問われた結果、関東への転封を通告されたという説もある。

秀吉は小田原攻めの前に、家康をして北条氏を臣従させようとしていた。家康の娘督姫《とくひめ》が北条氏直に嫁いでおり、両者は姻戚関係にあった。天下統一を進める秀吉としては、不戦のまま外交交渉で関東の雄・北条氏を服属させることを望んでいた。

だが、家康は秀吉の期待に応えられず、開戦の事態となる。戦わずして北条氏を服属させることに失敗してしまう。

その責任を問われた家康は、戦争で荒廃した北条氏旧領をしっかり統治するよう命じられた。領主として戦後処理にみずから当たることで、秀吉としては責任を取らせようとした。そのための国替えだったというわけである。

災い転じて福となした家康の深謀遠慮《しんぼうえんりょ》

いずれにせよ、関東転封を命じられた家康には茨《いばら》の道が待っていた。昨日までの敵地に乗り込む形であり、当然ながら前途多難が予想された。

だが、家康は家臣たちの不満を抑え込み、国替えの命を甘受する。新領地の関東で実力を蓄え、捲土重来をはかった。

家康の関東転封に伴い、五か国に拡がっていた家臣団も関東に移ることが求められた。家臣たちの間では先祖伝来の土地から引き離されることへの反発も大きかったが、家康は秀吉の命を楯《たて》に関東への移住を厳命する。

実は家康にとり、関東転封とは悪い話ばかりではなかった。国替えに乗じて先祖伝来の土地と引き離すことで、独立性の強い家臣の力が削げるメリットがあった。戦国時代とは下剋上の世であり、どの大名も家臣の統制には苦労していた。

家康とて例外ではない。その点で言えば、関東転封には災い転じて福となした側面もあったことは見逃せない。

家康の家臣と言えば、忠誠心が強かったことで知られる三河譜代《ふだい》の家臣がイメージされるのが定番だが、絶対の忠誠を誓ったとは限らない。先の秀吉との戦いでは、三河譜代の重臣石川数正《かずまさ》が切り崩しに遭って寝返り、家臣団に動揺が走る。

さらに、徳川家は家康の代で版図が急拡大した。そのぶん家臣の数も大幅に増えたため、家臣団の統制に苦しんでいた。三河譜代の家臣に加え、今川氏の旧臣、武田氏の旧臣、そして今回の関東転封により北条氏の旧臣も家臣団に加わった。まとまりのなさは否めなかった。

それゆえ、関東転封は家康にとり、徳川家をリセットできる貴重な機会となる。家臣たちを先祖伝来の土地と引き離すことで独立性を奪って統制を強化できるとともに、領国経営を強化するため自由に配置できた。秀吉の命を楯に、指導力を発揮できるような環境の整備に成功する。

秀吉にしても、家康を関東に封じた一番の理由は北条氏旧領をしっかり統治させることにあった。もちろん、その代償として家康の力が削がれることは決して悪い話ではなかっただろう。だが、最優先されるべきは関東の統治なのであり、それは豊臣政権の安定にも直結した。

よって、関東の陸上・水上交通の要衝である江戸城を居城とするよう命じたのも、関東をしっかり統治させるための指示であったとみる方が真実に近いのではないか。家康も秀吉の指示に従って江戸城を居城とすることで、それまでは何のゆかりもなかった関東の統治に成功するのである。

関東の中心から日本の中心へ

以後、江戸は小田原に代わって関東の中心となるが、城下町の発展に比べると、城郭自体はお粗末なものだった。少なくとも、関東を支配する城としては著しく見劣りした。当時の江戸城の様子を活写した『落穂集』によれば、石垣は一か所もなかった。城は土塁で囲まれ、その上に竹木が植えられただけだったという。

しかし、家康にとり関東の支配者たるにふさわしい城郭と城下町の拡張は、領国支配を安定させるために待ったなしであった。

家康は本丸の拡張工事から着手する。続けて、現在は宮内庁などがある西丸の築造にとりかかったが、これは城下町の拡張にも繋がる工事だった。西丸の堀を掘削した際の揚げ土が日比谷入江の埋め立てに転用されたからである。

西北の丘陵部を除けば城下の大半は低湿地で、現状では大勢の家臣団を居住させることができなかった。その生活物資を供給する大勢の商人・職人を居住させる場所にも不足した。

入江のみならず、湿地帯も宅地として造成する必要があったが、その際には水路も開削されている。大量の荷物を運べる水運として利用するためだ。開削した時に出た掘り土も埋め立てにあてることで、家臣団や商人・職人が居住する宅地が造成されていった。

こうして、北条氏旧領を統治するための城郭と城下町が生まれるが、家康が天下人の座に就いて江戸開府の運びになると、天下普請の名のもと全国の諸大名を動員した工事がはじまる。今度は全国を統治する将軍のお膝元にふさわしい城郭と城下町が建設されることになった。

太田道灌が築城した江戸は家康により百万都市として発展する道筋が敷かれたが、そのきっかけを作ったのは意外にも秀吉だった。江戸城を居城とするよう命じたことで、将軍のお膝元そして日本の首都への道を歩みはじめたのである。

仙台

傷心の伊達政宗が造った杜の都

杜の都と呼ばれる東北最大の都市

杜《もり》の都の異名を持つ仙台は人口百万人を超える東北最大の都市だが、そのシンボルと言えば伊達政宗を措《お》いて他にいない。政宗が仙台をお膝元に定めて城下町を造り上げたことが、現在の仙台の基となっている。

政宗が仙台に城を築きはじめたのは、関ヶ原の戦いの翌年にあたる慶長六年（一六〇一）のことである。そのため、この年をもって「仙台開府」と称されるが、そのはるか以前より仙台界隈は東北の中心だった。仙台市に隣接する多賀城市には奈良時代より多賀城が置かれ、朝廷が東北支配の拠点とした長い歴史があった。

そんな由緒に導かれる形で政宗は仙台に巨大城下町を造り上げる。そこには天下人への夢が潰《つい》えた複雑な心境も込められていた。東北の王として生きていこうという決意の表明だった。

政宗最後の大事業となった杜の都建設に至る歴史をたどることで、仙台の街づくりに込めた政宗の思いを探る。

北限の地だった東北

話は仙台開府から九百年以上もさかのぼる。

大化の改新を機に、日本が唐（中国）に倣って律令国家への道を歩みはじめた七世紀半ば、いまだ東北地方は朝廷の支配に服していなかった。東北は陸奥《むつ》国（現在の青森・岩手・宮城・福島県）と出羽《でわ》国（現在の秋田・山形県）に二分されたが、当時東北の人々は「蝦夷《えみし》」と呼ばれた。蝦夷を服属させて東北を支配下に置くことは、朝廷にとり大きな政治課題であった。

朝廷は全国を国・郡・里という三段階の行政区画に編成し、各国に国司を派遣した。郡には郡司、里には里長を置き、いずれも地元の有力者を任命した。

各国には国司（守《かみ》・介《すけ》・掾《じょう》・目《さかん》）が政務を執る国府が設置された。陸奥・出羽両国には別に城柵も築いた。城というよりも砦《とりで》と表現した方が正確だが、陸奥国の場合、城柵の数は十七を数えた。

城柵は単なる軍事施設ではない。服属した蝦夷を支配する役所としての顔も持っていた。朝廷は国司の四等官（目）などを城司として駐在させ、東北支配の尖兵《せんぺい》とした。国府が本庁とすれば、城柵は支庁の役割を担った。その周囲には「柵戸」と呼ばれた坂東からの移民を移住させた。

堀はなかったものの、城柵の外側には築垣、材木塀、土塁といった外囲いの施設が廻《めぐ》らされるのが定番だった。服属を拒否する蝦夷から、いつ攻撃を受けるかわからなかったからであり、城柵には多数の兵士が常駐した。

外囲いの内部は政庁空間になっていた。国府の支庁として政務が執られる一方、服属した蝦夷が貢物《こうもつ》を捧げる儀礼の場としても活用された。

そんな陸奥国の各城柵の頂点に位置したのが、国府も置かれた多賀城であった。

東北支配の拠点・多賀城の誕生と終焉

神亀《じんき》元年（七二四）に、多賀城は築城された。

それまでは現在の仙台市郡山遺跡と呼ばれる地域に国府が置かれたが、北進する形で多賀城が築かれ、国府そして鎮守府《ちんじゅふ》も移転する。それだけ、朝廷の東北支配が進んだのである。

鎮守府とは蝦夷を鎮めるために置かれた軍事本部であり、そのトップは鎮守府将軍だった。いざという時には、陸奥・出羽両国の兵士を率いて蝦夷の鎮圧にあたった。

多賀城は松島丘陵から西に伸びる丘の西端に位置していた。丘陵に築かれたため、その敷地は四辺形に近い不整形であった。東辺が一〇五〇メートル、南辺が八七〇メートル、西辺が六六〇メートル、北辺が七八〇メートルで、総面積は七十四ヘクタール。東北最大の城柵である。

城の外側は主に築垣で囲まれ、高さは五メートルもあった。九世紀に入ると、外囲いの塀の各所に櫓《やぐら》が設けられた。南門、東門、西門も置かれたが、正門である南門は二階建ての重層門だったという。

城内の中央に置かれた国府政庁も周囲が同じく築垣で囲まれ、東西一〇三メートル、南北一一六メートルの規模であった。内部は南を正面とする正殿、その前の東西に脇殿が一棟ずつ配置され、三殿に囲まれる形で広場が置かれた。その南には南門が配置された。

こうした多賀城の政庁構造は諸国の国府や九州の大宰府の政庁と同じだが、陸奥や出羽国内に設けられた各城柵の政庁も同様の構造が取られた。なお、多賀城の建物や塀は他の城柵とは違って瓦葺《かわらぶ》きになっており、蝦夷に律令国家の威信を見せつけたい朝廷の意図が見え隠れする。

多賀城では政務が執られたほか、蝦夷が貢物を捧げる儀礼も執り行われた。発掘調査により官衙《かんが》、倉庫、工房の跡が判明した。倉庫には大量の兵器・食料が収蔵されたこともわかっており、まさしく城であった。

朝廷は多賀城を東北支配における行政・軍事の本営とし、各地に城柵を築いたが、服属を強いられた蝦夷の抵抗も激しかった。宝亀十一年（七八〇）には蝦夷の族長伊治呰麻呂《これはるのあざまろ》が反乱を起こし、多賀城を焼き討ちにする事件が起きる。

よって、朝廷は坂上田村麻呂たちを将とする討伐軍を編成し、その鎮圧をはかった。討伐軍が北進した結果、多賀城よりも北方に胆沢《いさわ》城が築かれた。大同三年（八〇八）には鎮守府も移転する。

しかし、朝廷による東北支配は蝦夷を軍事的に抑え込むのではなく、服属した蝦夷の力に依存する方向へと舵《かじ》が切られていく。政策転換の背景には軍事費の負担に耐え兼ねた国家財政があった。そうしたなか台頭してきたのが、蝦夷のリーダー格だった安倍氏そして清原氏（後の奥州藤原氏）である。

平安時代末期には、奥州藤原氏が平泉を中心に三代にわたって栄える。世に言う奥州藤原三代の到来だが、あたかも独立国のように東北の地で君臨したことで、朝廷の権威が失墜するのは避けられなかった。多賀城に置かれた陸奥国府の機能は形骸化する。

文治《ぶんじ》五年（一一八九）、鎌倉幕府を開いた源頼朝が陸奥に向かい、奥州藤原氏を滅ぼす。いわゆる奥州征伐だが、翌建久《けんきゅう》元年（一一九〇）には御家人の伊沢家景《いさわいえかげ》を陸奥国府の留守所長官である陸奥留守職に任命した。後に伊沢氏は留守《るす》氏と称する。

国府が再び陸奥国の政務を執る場となったが、鎌倉幕府の支配が強まると、有名無実な存在に戻ってしまう。

鎌倉幕府が倒れて後醍醐天皇による建武の新政がはじまると、陸奥守に任命された北畠顕家《あきいえ》は天皇の皇子義良《のりよし》親王を奉じて多賀城に赴任する。国府の再興をはかった。

しかし、南北朝の動乱のなか、陸奥国府が置かれた多賀城は歴史の表舞台から再び消えることになる。

東北の戦国時代と伊達政宗の登場

室町時代には、幕府から奥州探題に任命された大崎氏が留守氏に代わり陸奥の支配にあたるも、戦国時代に入って幕府の権威が失墜すると、群雄割拠《ぐんゆうかっきょ》の状態に陥る。そうしたなか台頭してきたのが伊達氏である。

藤原氏の流れを汲む伊達氏は奥州征伐の軍功として頼朝から陸奥国伊達郡を与えられたことで、その郡名を苗字にした北関東出身の武士だった。文治《ぶんじ》五年（一一八九）のことだが、伊達郡は現在の福島県の北東部にあたる。

その後、伊達氏は版図を広げ、戦国時代には陸奥の亘理《わたり》・刈田・柴田・伊具《いぐ》・信夫《しのぶ》・名取・宇多郡や出羽の長井・置賜《おきたま》郡などを勢力下に置いた。政宗の祖父晴宗《はれむね》の代には、大崎氏に代わって奥州探題に任命されたこともあった。

天正十二年（一五八四）、伊達氏の家督を継いだ政宗は近隣の諸大名を次々と服属させ、版図を拡大させる。同十七年（一五八九）には会津の蘆名《あしな》氏を滅ぼし、東北一の勢力を誇る戦国大名となった。政宗二十三歳の時である。

当時の居城は出羽の米沢城だが、その所領は現在の福島県中央部、山形県南部、宮城県南部にまで及ぶ。東北のほぼ南半分を制覇した格好だった。

政宗の視線は東北を越えて関東にも向けられた。まだ二十代前半であったから、天下人の座を夢見たかもしれない。

そんな政宗の前に立ち塞がった人物がいる。天下統一を目前にしていた豊臣秀吉である。秀吉は天下統一を進める過程で、領土をめぐる大名間の戦いを私的な紛争として禁止し、自分の裁定に任せることを命じた。これを惣無事《そうぶじ》令という。

ところが、小田原城を居城とする関東の北条氏と東北の伊達氏は、惣無事令に従わなかった。政宗の場合でいえば、惣無事令発令後の天正十七年に会津の蘆名《あしな》氏を滅ぼし、その所領を併合した。居城も米沢城から会津黒川城に移し、関東に食指を伸ばそうとしていた。

天下人を夢見た政宗の挫折

天正十八年（一五九〇）三月、秀吉は惣無事令に従わない北条氏の討伐に乗り出す。二十万を超える大軍を動員し、小田原城や関東の属城を囲んだ。

万事休すと判断した政宗は秀吉への服属を決意する。北条氏が滅べば、次は伊達氏討伐となるのは明らかだった。明日は我が身である。

六月、政宗は小田原城攻めの指揮を執る秀吉のもとに急ぎ向かい、拝謁を請うた。これは服属の意思を意味するものだった。

秀吉は政宗の服属を許したものの、自分の命令に背いて蘆名氏を滅ぼしたことは許さなかった。政宗が併合した蘆名氏旧領の会津四郡などを没収した結果、ゆうに百万石を超えた所領は七十二万石に減封となる。

七月に小田原城を開城に追い込んで北条氏を滅ぼした秀吉は、時を移さず東北に向かう。服属の意思を示さなかった東北の諸大名の所領を没収したのであり、これは「奥羽仕置」と呼ばれる。

だが、奥羽仕置により改易された葛西・大崎両氏の旧臣たちは、翌十九年（一五九一）に新領主の木村吉清《よしきよ》に対して反乱（「葛西・大崎一揆」）を起こす。葛西・大崎一揆は政宗たちにより鎮圧されるが、当事者の木村は一揆勃発の責任を問われて三十万石にも及んだ所領を没収された。

現在の宮城県北部に広がっていた木村の旧領は政宗に与えられた。その代わり、先祖伝来の伊達・信夫・田村郡（福島県東部）や出羽の長井・置賜郡（山形県南部）など計四十万石余が召し上げられる。

これにより、政宗は差し引き十万石余の減封を強いられた。そして、置賜郡にあった居城米沢城まで失う。

それだけ秀吉は政宗を恐れており、その弱体化をはかっていた。さらには、陸奥玉造郡の岩出沢《いわでざわ》城（後に岩出山城、現在の宮城県大崎市）を新たな居城として指定する。

岩出山城は改易された大崎氏の家臣氏家氏の居城だった。反乱を起こした葛西・大崎両氏の旧領をしっかり統治させたい秀吉の思惑があったのだろうが、岩出山城は奥州街道から遠く離れた場所にあり、奥州の覇者を目指す政宗にとっては大いに不満なことだった。政宗の動きを封じ込めたい狙いがあったのは明らかだろう。

ここに、宮城県全域、岩手県南半分、福島県浜通りの一部を加えた陸奥二十郡六十万石余に及んだ仙台藩領の原型が確定する。

天下取りまで見据えていたと伝えられる政宗にとり、自力で切り取った所領に加えて先祖伝来の所領まで没収されたことは屈辱以外の何ものでもなかった。以後、旧領の回復が政宗最大の課題となる。

仙台をお膝元とした理由

慶長五年（一六〇〇）七月、秀吉死後の政局の混乱のなか、諸大名は徳川家康率いる東軍と石田三成率いる西軍の二つに分かれ、全国各地で戦いを繰り広げる。関ヶ原の戦いに帰結する戦国時代の再来だったが、政宗は家康に与《くみ》することで旧領の回復を目指した。

家康も政宗を自軍に引き入れるため、秀吉に没収された旧領四十万石を与えると約束する。東軍勝利の暁には、政宗は百万石を超える大名に復活できるはずであった。九月十五日の関ヶ原の戦いは東軍の勝利に終わるが、この機に乗じて版図の拡大を目指す政宗の行動に不信感を持っていた家康は約束を反故《ほご》にする。秀吉の前に天下取りの夢は破れたものの、当時の状況からすれば、夢よもう一度と政宗が思っても何ら不思議ではなかった。そんな野心を家康に見抜かれたのかもしれない。

結局のところ、政宗の所領はほぼ現状維持に終わった。秀吉に続けて家康にも煮え湯を飲まされる。

しかし、この時政宗は居城の移転を計画していた。同十二月、家康の許可を得て家臣国分氏の居城千代《せんだい》城を新たな居城と定める。千代を仙台と改名した上で、翌六年（一六〇一）一月より大増築を開始した。

青葉城の異名を持つ仙台城は青葉山に立てられた山城である。青葉山のうち標高百二十二メートルの地に立てられた本丸は拡張され、東西一三五間（約二五六・五メートル）、南北一四七間（約二七九メートル）の規模となる。後方は山や谷に囲まれ、前方には広瀬川が流れるという要害の地であった。

城郭の眼下は荒野だったが、政宗はみずから図面を引いて街づくりを進める。広瀬川に沿う形で城を守るように家臣たちを住まわせる一方、城下町に引き込んだ奥州街道沿いには町人を住まわせた。

町割に際しては、他の城下町と同じく碁盤の目のように正方形に区切っている。京都をモデルにした碁盤割だった。

こうして、仙台は政宗がお膝元に定めたことで東北最大の城下町へと発展していく。伊達家は六十二万石という東北最大の大名であるからその発展は当然のことだが、要害の地とはいえ、なぜ仙台に居城を移したのか。

奈良時代より、朝廷が東北支配の拠点とした多賀城が近くにあったからではないか。かつては陸奥国の国府だけでなく、東北を鎮撫《ちんぶ》する鎮守府も多賀城に置かれていた。そんな歴史的な経緯を踏まえ、多賀城近くに位置する仙台城を居城と定めることで東北の王として君臨する意思を示したのだろう。

そんな思いは多賀城近くに鎮座する塩竈《しおがま》神社へのスタンスからも読み取れる。

東北鎮護の陸奥国一の宮として、塩竈神社は東北の人々から厚く崇敬された歴史を持っていた。奥州藤原氏や伊沢（留守）・大崎氏のように、陸奥国に君臨した者は塩竈神社に厚い信仰心を示したが、東北の人心を掌握したい意図が背景にあった。君臨するには人心の掌握も不可欠なのであり、留守氏などは同社の神主職を務めたほどだ。

あまり知られてはいないが、仙台藩伊達家の歴代藩主は塩竈神社の大神主を務め、社殿の建立や修復に力を入れた。塩竈神社への厚い信仰心を示すことで人心の掌握をはかろうとした意図が読み取れる。

秀吉そして家康のため天下取りの夢は破れたものの、かつての奥州藤原氏や留守・大崎氏のように東北の王として君臨するため、政宗は仙台に巨大城下町を造り上げた。東北最大の都市へと発展する礎を築いたのである。

金沢

日本最大の小京都

小京都だった金沢

北陸はもとより全国有数の観光地である金沢は、平成二十七年（二〇一五）に北陸新幹線が金沢まで開通したことでその人気に拍車がかかった。現在では外国人観光客も大勢訪れている。

外国人の観光客にも魅力ある都市として映っているのは、京都のような古都としてのイメージを持たれているからだろう。実際、金沢は小京都と称されることが多いが、意外なことに金沢市は同二十年（二〇〇八）に『全国小京都会議』から退会し、脱「小京都」を目指している。「世界の交流拠点都市金沢」としての街づくりが推進されているのである。

確かに、金沢は京都の文化が色濃く残されている都市だが、その歴史をさかのぼると京都のみをモデルにしたとは言い切れない。もともとは加賀百万石前田家の城下町で、武家の都だった。

そもそも、前田家は幕府への強烈な対抗心を秘めた有力大名の一人であり、そんな強い意思が街づくりには込められていた。日本最大の大名のお膝元として、京都のような古都のイメージにとどまらない威容は現在もよく残っている。

観光地となる前の金沢の歴史を戦国時代から追っていこう。

一向一揆の拠点・金沢御堂の創建

城下町金沢には、一向一揆の拠点・金沢御堂《みどう》という前史があった。

一向一揆とは、戦国時代に畿内・北陸・東海で勢力を誇った浄土真宗本願寺派（一向宗ともいう）の僧侶・門徒による武装集団のことである。都市や農村に根を下ろし、武士や町人・農民を門徒に組み込むことで教団組織を強化したため、当該地域を支配する戦国大名とは激しく対立した。

特に加賀国では、長享《ちょうきょう》二年（一四八八）に一向一揆が当時加賀を支配していた富樫政親《とがしまさちか》の籠る高尾《たこう》城を攻め、政親を自害に追い込む。以後九十年余にわたり、一向一揆が戦国大名に代わって加賀を支配した。

一向一揆の支配地域では一向宗の寺院が核となった町・寺内町が造られた。寺院そして町全体を堀や土塁で囲むことで一向宗による支配が下支えされたのであり、寺院が城にあたった。寺内町とは城下町に他ならず、町内には僧侶や門徒のほか、商人や職人も大勢住んでいた。

代表的な寺内町としては、越前国の吉崎、山城国の山科、摂津国の石山（大坂）などが挙げられる。各寺内町の核となったのは吉崎御坊、山科本願寺、石山本願寺だが、天文《てんぶん》十五年（一五四六）には金沢にも巨大な寺内町が誕生した。

寺内町金沢の核となる寺院（御堂）の建設が本格化したのは、その前年のことである。加賀の石川郡から集められた建設費をもって、翌年十月に金沢御堂は完成をみた。

その折、本願寺派寺院の頂点に立つ大坂の石山本願寺からは本尊として阿弥陀如来の木仏が贈られている。宗祖親鸞《しんらん》の御影と同絵伝、仏具なども贈られた。

御堂が建立されたのは、東西が犀川《さいかわ》と浅野川に挟まれた小立野《こだつの》台地の先端部である。河川が天然の城の役割を果たしたが、金沢平野を一望できる立地環境でもあった。城が築かれても何の不思議もない要害の地であり、現在の金沢城の本丸・二の丸あたりに伽藍《がらん》が広がっていた。

金沢御堂は本願寺の別院として、加賀における一向宗の信仰そして支配の拠点となったが、それに伴い周辺が町場化する。町場も取り込む形で堀や土塁が造成され、城塞都市化した。

こうして、寺内町金沢が産声をあげる。

加賀には金沢御堂のほかにも、一向一揆により城塞都市化された寺院（寺内町）が各所に造られた。同じく要衝の地に立地されることが多かった。

金沢御堂とともに、これらの寺院が一向一揆の加賀支配を支えた。金沢御堂が本城とすれば、支城にあたるだろう。

しかし、一向一揆による加賀支配も、金沢御堂の創建から三十年ほどで織田信長の前に終焉の時を迎える。金沢御堂終焉の時でもあった。

信長・秀吉との戦い

信長といえば、仏教勢力と激しく対立した戦国大名としてのイメージが強い。元亀《げんき》二年（一五七一）九月に断行した比叡山延暦《えんりゃく》寺の焼き討ちはその印象を決定付けたが、そうした姿勢は一向一揆に対しても同じだった

一向一揆つまり本願寺が、延暦寺のバックアップを受けていた越前の戦国大名朝倉義景《よしかげ》や近江の浅井《あざい》長政《ながまさ》と手を結ぶ形で信長との対決に踏み切ったのは、元亀元年（一五七〇）九月のことである。本願寺第十一世の宗主顕如《けんにょ》は諸国の門徒に向け、信長に対して蜂起するよう呼びかけた。

以後、天正八年（一五八〇）八月に顕如が大坂の石山本願寺を退去するまで、信長との戦いは続く。その間、二度にわたって信長と和睦したものの、その都度断交を繰り返したことで、戦争は長期化した。

本願寺は諸国の門徒を動員するだけでなく、甲斐の武田信玄、あるいは中国の毛利輝元と結び、激しく抵抗した。本願寺からの指令に応じて、諸国の一向一揆も信長と激しく戦った。

憤激した信長は一向一揆の息の根を止めようと、一揆の殲滅《せんめつ》をはかる。石山本願寺が立つ畿内のほか東海・北陸が戦場となったが、天正二年（一五七四）七月に伊勢国長島の一揆、翌三年（一五七五）八月には越前の一揆を殲滅した。

越前を制圧した信長は、以後重臣の柴田勝家をして北陸の平定にあたらせるが、その前に立ちふさがったのが金沢御堂を本拠地とする加賀の一向一揆だった。

同八年（一五八〇）閏《うるう》三月、時の正親町《おおぎまち》天皇の勅命に応じる形で、信長と石山本願寺の戦いは終焉の時を迎える。石山本願寺に籠城中の顕如と信長の三度目の和睦が成立し、石山本願寺は信長に引き渡された。

一方、同じ月に柴田勝家率いる織田勢は越前を出陣し、金沢御堂の攻略そして加賀制圧を目指した。金沢御堂の「支城」化していた寺院を次々と攻め落とし、一揆の本丸・金沢御堂に迫る。

翌四月、柴田勝家の甥佐久間盛政《さくまもりまさ》率いる軍勢の攻撃を受け、金沢御堂は陥落した。加賀の一向一揆は天下統一を目指す信長の前に解体され、金沢御堂の歴史も終焉を迎える。

論功行賞で金沢を含めて北加賀二郡（石川・河北郡）を信長から与えられた盛政は、金沢御堂の跡地に城を築きはじめる。東西が犀川と浅野川に挟まれた小立野台地の先端部で、金沢平野を一望できる立地環境でもあったことに着目し、金沢城を居城と定めた。

これを機に、金沢は寺内町から城下町へと生まれ変わる。金沢城自体には寺院の面影はみられないが、今も城下町に点在する浄土真宗の寺院は一向一揆が造り上げた寺内町金沢の遺産である。

その後、勝家は北陸の平定をさらに進めた。能登そして越中もほぼ平定したが、同十年（一五八二）六月の本能寺の変で信長が横死したため、織田家重臣の間でその後継争いが勃発する。畿内を抑えた羽柴秀吉と北陸を抑えた勝家との戦いだった。

翌十一年（一五八三）四月の賤《しず》ヶ《が》岳《たけ》の戦いで、秀吉に敗れた勝家は越前北ノ庄城で自害して果てる。金沢城主の盛政も秀吉軍に捕縛され、斬首に処せられた。信長の後継者としての地位を勝ち取った秀吉は天下統一に向けて邁進することになる。

前田利家の金沢入城

賤ヶ岳の戦いの論功行賞で金沢城も含めて盛政の旧領北加賀二郡を与えられたのは、信長存命中は織田家の武将として秀吉と同僚だった前田利家である。利家は北陸の平定にあたった勝家指揮下のもと能登の平定に成功し、領国としていた。

賤ヶ岳の戦いでは勝家の配下として秀吉軍に相対したが、戦場を離脱することで秀吉の勝利に貢献する。能登に加えて北加賀二郡を与えられた利家は金沢城を居城と定め、天守のほか、本丸・二の丸・三の丸の堀、土塁の築造に着手した。その立地環境に注目した増築工事だったのは言うまでもない。

文禄《ぶんろく》元年（一五九二）には、防禦力強化のため石垣の築造を開始する。文禄期には越中も領国に加え、身上も八十万石を超えた。北陸最大の大名として、秀吉の信任も厚かった。

その後、徳川家康たちとともに五大老の一人に抜擢される。豊臣政権最大の実力者だった家康の牽制役を期待されたのだ。

慶長三年（一五九八）八月に秀吉が死去する。家康は有力大名と姻戚関係を取り結ぶことで勢力拡大を目指すも、その前に立ち塞がったのが他ならぬ利家であった。

よって、家康も利家の目の黒いうちはこれ以上の勢力拡大を自重する。だが、翌四年閏三月に利家が死去すると、関ヶ原の戦いの立役者となる奉行石田三成を失脚させ、ライバルの一人である大老毛利輝元を屈伏させる。政権内の反対派を次々と抑え込んで独裁体制を固めたが、次に標的となったのが前田家だったのである。

徳川家康との対立から融和へ

利家の跡を継いだのは嫡男の前田利長であり、大老職も継承している。それは家康の牽制役となることを意味したが、利長にとり利家の代わりを務めることは荷が重かった。利家の死から半年も経たない八月二十八日に帰国の途に就き、牽制役の立場を放棄してしまう。それは自身を窮地に追い込む結果を招く。

翌九月七日、利長不在中の大坂で家康の暗殺計画が発覚する。九日に大坂城で執り行われる予定の重陽《ちようよう》の節句の際、登城してきた家康を暗殺するという計画だ。その首謀者と名指されたのが金沢に帰国したばかりの利長だった。

この暗殺計画については、利長を失脚させるため家康が仕組んだ謀略という説が今なお根強い。その真偽は今もってわからないが、家康は暗殺計画の噂を利用する。利長に謀反の嫌疑を掛け、十月三日に前田家討伐を布告した。

帰国後、利長は居城金沢城を修繕し、武器も集めていた。その一連の行為が家康に付け込まれたのである。戦備を整えていると嫌疑を掛けられ、豊臣政権への謀反と認定された。家康暗殺など、全く身に覚えがなかった利長は驚愕する。重臣横山長知《ながちか》を急ぎ大坂に送り、弁明に努めた。

その一方、利長は重臣たちと協議し、城の周囲に惣構《そうがまえ》堀を新たに掘削する。防備を固め、和戦両様の構えを取った。

大坂城で家康と対面した長知による弁明の結果、利長への疑いは一応晴れるも、これだけでは済まなかった。家康は前田家にある条件を付ける。

叛意などない証として、利家の妻、つまり利長の母である芳春院《ほうしゅんいん》を差し出すよう求めた。体のよい人質だったが、利長は母を人質として差し出すことを余儀なくされる。芳春院が家康の本拠地江戸に送られたのは、翌五年（一六〇〇）五月のことであった。

ここに、前田家は家康に完全に屈する。二カ月後の七月に石田三成が家康打倒を掲げて挙兵し、関ヶ原の戦いへのレールが敷かれるが、母を人質に取られた利長は家康に味方せざるを得なかった。家康に臣従することで前田家の安泰をはかる。

関ヶ原の戦いは家康の勝利に終わり、論功行賞では南加賀二郡（江沼・能美郡）を加増されて加賀国をまるまる支配するに至った。前田家の領国は加賀・能登・越中三カ国となり、総石高もゆうに百万石を越えた。

江戸開府により加賀藩初代藩主となる利長は徳川家と姻戚関係を取り結ぶことで、両家の絆を固めようとはかる。翌六年（一六〇一）には、二代藩主となる弟利常《としつね》と秀忠の娘珠《たま》姫《ひめ》の婚約内定を取り付ける。二人の間に生まれた光高は利常の跡を継ぎ、三代藩主となった。

幕府の疑念を受ける

将軍の娘婿・前田利常が藩主の座に就くことで、前田家は安泰のはずであった。幕府からは徳川一門に準じる待遇を受け、徳川御三家を除けば諸大名のなかで官位は筆頭に位置付けられていた。

だが、加賀百万石という日本最大の大名であるため、その動向は絶えず危険視されたのもまた事実だった。

利常の岳父《がくふ》にあたる秀忠は元和《げんな》九年（一六二三）に将軍の座を嫡男家光に譲り、以後は大御所として三代将軍となった家光を後見した。正室の珠姫は家光の姉であり、利常からみれば新将軍は義弟にあたるが、その前年に珠姫は死去していた。前田家と幕府を繋ぐ存在を失ったことで、両者の関係は微妙なものになる。

寛永《かんえい》八年（一六三一）四月十四日、金沢の城下町は大火に見舞われる。出火原因は放火だが、火の勢いは凄まじかった。城に燃え移り、本丸御殿も焼失する。

前田家では城そして城下町の再建工事にすぐさま着手するが、本丸御殿などの再建を機に城郭の拡張を決めた。二の丸を拡張し、二の丸と三の丸を画する堀を整備したのだ。二の丸御殿も創建された。

一連の工事に際しては北陸各地の大工が集められ、昼夜兼行で工事は進められた。大規模な普請であり、これが幕府の疑念を招く。

前田家は城郭の拡張に際し、幕府の疑念を招かないよう細心の注意を払った。かつて利長が金沢城の修繕について謀叛の嫌疑を掛けられたことがトラウマになっていたのだろう。二度にわたって普請願を提出し、幕府の了承も得た。

ところが、同じ寛永八年に十年以上も前の大坂の陣で戦功を挙げた藩士に加増したり、船舶を購入したことが幕府に不審の念を抱かせる。折しも秀忠が重篤で、諸大名の動向に神経質となっていたこともマイナスに働いた。

幕府首脳部が前田家の動向に不審を抱いていることを知った利常は嫡男光高《みつたか》を伴い、江戸に急行する。重臣横山長玄（長知の子）が江戸城に登城して必死の弁明を試みたことで、なんとか事なきを得た。歴史は繰り返されたが、幕府と前田家の緊張関係は続いた。

この頃、前田家では犀川上流の上辰巳《かみたつみ》村から取水して城内まで引き込む辰巳用水を開鑿《かいさく》している。今回の大火を教訓に、防火体制を整備する一環として防火用水を開鑿したが、城内の飲料水を確保する目的も秘められていた。辰巳用水を城内まで引くことで、おのづから水堀を築いたことにもなった。

辰巳用水の開鑿には、防火体制の整備に名を借りて金沢城の防衛力を強化したい狙いがあったことは見逃せない。二の丸の拡張工事も含めて、幕府への備えを怠らない前田家の意思が透けてくる。

京文化の移植を進めた背景

幕府への警戒心を怠らなかった前田家だが、徳川将軍家との絆を再び固めることも強く望んでいた。寛永十年（一六三三）には、利常と珠姫の間に生まれた嫡男光高と水戸藩主徳川頼房の娘大姫の婚姻が整う。大姫は家光養女として前田家に輿入れしたため、ここに徳川将軍家との姻戚関係が復活する。

一方、利常は平安時代以来の京文化に傾倒した人物でもあった。

利常が藩主だった江戸初期は寛永文化が花開いた時代である。寛永文化とは朝廷とその周辺の上層町衆を担い手としたもので、京都を発信源とする古典文化（和歌、連歌、生花、茶道など）の色彩が濃かった。朝廷に出入りした芸術家の本阿弥光悦《ほんあみこうえつ》、生花の池坊専好《いけのぼうせんこう》、茶人の小堀遠州《こぼりえんしゅう》、陶芸の野々村仁清《ののむらにんせい》、画工の俵屋宗達《たわらやそうたつ》たちが活躍した。

この寛永文化に強い関心を抱いたのが利常なのであり、担い手の芸術家たちを招聘《しょうへい》して、金沢に京文化を移植しようと試みている。金沢が小京都と称される所以《ゆえん》はここからはじまる。

利常が寛永文化に傾倒したのは、正室珠姫の妹和子《まさこ》が後水尾天皇の女御《にょうご》であったことに加え、娘の富姫が八条宮智忠《はちじょうのみやとしただ》親王に嫁いでいたことが大きかったのだろう。朝廷との距離が非常に近く、京都への親近感が強かったが、朝廷との結びつきを強めることで幕府に対抗しようという意図も読み取れるのではないか。

こうして、金沢は小京都と称されるようになるが、日本最大の大名の城下町という顔もあった。最終的に城郭の規模は本丸・二の丸・三の丸を合わせて九万坪に達し、外郭の外に設けられた出丸や兼六園なども合わせると総計十五万坪以上にも及んだ。

前田家が北陸はおろか日本を代表する大名となる過程で家臣も急増し、城下町は拡大する。尾張町をはじめ、生活物資を供給する商人の住む町が次々と造成された。人口も十万人をはるかに超え、北陸最大の都市に発展していった。そんな巨大城下町の造成にも幕府への対抗意識をみることは難しくない。

北陸最大の都市として繁栄した金沢だが、巨大城下町の造成、寛永文化と称された京文化の移植には、幕府を強く意識した日本最大の大名前田家のプライドが秘められていた。

その強烈なプライドが、武家の都と小京都の要素を兼ね備えた古都金沢のイメージを醸成していくのである。

静岡

徳川家康のお膝元となった今川氏の小京都

静岡は明治に入って登場した地名だった

静岡は徳川家康と縁の深い都市である。少年時代を過ごし、また終焉の地にもなったが、当時は駿府《すんぷ》と呼ばれ、静岡の名称が登場するのは明治に入ってからであった。

明治維新により将軍から大名の列に降りた旧徳川将軍家（徳川宗家）は、慶応四年（一八六八）五月に江戸城を取り上げられ、駿河・遠江国などで七十万石を領することになった。居城は駿河国の府中城つまり駿府城であり、ここに府中（駿府）藩が誕生する。

しかし、明治政府からは府中の名称変更を求められる。藩内で検討し、「静岡」「静《しず》」「静城《しずき》」の三案を上申したところ、静岡が採用された。

こうして、駿府は静岡、府中藩は静岡藩と改称される。明治二年（一八六九）六月のことであった。駿府城の北西にある賤機山《しずはたやま》にちなんで、静の字が選ばれたとされる。

そんな静岡の歴史をさかのぼると、家康と縁が深いだけでなく、小京都としての顔を持っていたこともみえてくるのである。

今川氏の本拠地駿府

駿府は駿河国府中の略称だが、府中とは国府の所在地を示す言葉である。古代より駿河国の国府が置かれたが、中世に入っても駿河の中心としての地位を保つ。

鎌倉時代には幕府の実権を握る執権北条氏が駿河の守護を務めたが、室町時代に入ると将軍足利氏の一門今川氏が守護職を代々務める。暦応元年（一三三八）に今川範国《のりくに》が任命されたのが最初だった。

室町時代には、幕府から各国の守護職に任命された有力武士が管轄下の国を私領化する傾向が顕著となる。領国化したことで一国を支配する守護大名が生まれた。今川氏も駿河を領国化して守護大名となった。本拠地としたのが駿府であった。

しかし、任命権者の室町幕府の力が衰えると、実力で領国化を進める領主が入れ替わるように登場してくる。いわゆる戦国大名である。その転機となったのが京都で起きた応仁・文明の乱だった。

応仁・文明の乱は幕府の権威を失墜させた。以後群雄割拠の戦国時代へと突入するが、権威が失墜したのは守護大名も同じである。幕府の権威をバックにすることにより、守護職を与えられた国で大名として君臨できたからだ。後ろ楯を失って弱体化するのは避けられなかった。

こうして、守護大名はすがたを消して戦国大名が各地に生まれるが、領国支配の強化に成功して戦国大名への移行を実現した守護大名もいた。甲斐の武田氏、周防《すおう》の大内氏、豊《ぶん》後《ご》の大友氏、薩摩の島津氏などだが、駿河の今川氏もその一人だった。

今川氏というと、桶狭間《おけはざま》の戦いで織田信長に討たれた今川義元が有名だが、その父にあたる氏親《うじちか》の代に、今川氏は戦国大名化に成功したとされる。氏親は隣国の遠江を平定し、領国に組み入れた。さらに三河にも侵攻する。

戦国大名は山城にせよ、平城にせよ、本拠地に城郭を築くのが定番だが、今川氏の時代、駿府に城は築かれていない。応永《おうえい》十八年（一四一一）に当主の範政《のりまさ》が築いた今川館と称される屋敷が置かれただけである。周囲には一門や重臣の屋敷が立ち並び、その外側に他の家臣や町人たちの居住地が配置された。

ただし、戦国時代に入ると、駿府が攻め込まれる事態を想定して、近くに詰城と呼ばれる城が設定される。籠城できる城郭を用意したが、それが静岡の名称の由来となった賤機山に築かれた城であった。

京都の文化が花開く

今川氏は京都に幕府を開いた足利氏の一門であり、もともと京文化の導入には熱心な大名だった。応仁・文明の乱以降、戦火で荒廃した京都を離れ、有力な大名を頼って地方に下向してくる公家は多かった。今川氏はそんな公家たちを積極的に受け入れる。駿府に迎え入れ、大いに歓迎した。

今川氏の場合、氏親は中御門宣胤《なかみかどのぶたね》の娘寿桂尼《じゆけいに》を正室に迎えており、その縁で寿桂尼の兄宣秀《のぶひで》とその子宣綱《のぶつな》が駿府に下向している。逆に氏親の姉は正親町三条《さんじよう》実望《さねもち》に嫁いだため、実望などは都合二十年ほどを駿府で過ごしたほどだ。終焉の地ともなる。実望の子公兄《きんえ》も二十余年、駿府にとどまっている。氏親から義元の代にかけて、駿府に下向した公家は十人を超えた。

氏親と公家の娘寿桂尼の間に生まれたのが義元だが、生まれながらの当主ではない。同母兄の氏輝《うじてる》が当主の座を継いだため、当初は出家の身である。後に還俗して当主となるが、僧侶の頃は京都の建仁寺で修行していた。

実地で触れる機会があったため、京文化には理解ある大名だった。公家の娘を母としたこともあり、京都への憧れは強かっただろう。

駿府に下向した公家たちが京文化を伝える役割を担ったわけだが、具体的には和歌の指導が挙げられる。藤原俊成《としなり》・定家《ていか》の伝統を直接受け継ぐ冷泉為和《れいぜいためかず》は、年始の歌会や各所の月次歌会で和歌を指導した。

戦国時代に最盛期を迎えた連歌も盛んだった。公家ではないが、駿河国島田の出身である連歌師の宗長《そうちょう》は氏親の庇護を受けている。連歌を指導したことは言うまでもない。蹴鞠《けまり》の名手の飛鳥《あすか》井《い》雅綱《まさつな》も駿河に下向した公家の一人で、今川氏に蹴鞠を伝授した。戦国大名今川氏最後の当主となる氏真《うじざね》が蹴鞠を得意としたのも、そうした経緯があってのことだった。

駿府に下向した公家たちは今川氏に生活の面倒を見てもらう代わりに、今川氏や重臣たちに和歌や連歌を教え、あるいは蹴鞠を伝授したのである。こうして、京文化が駿府に浸透していく。

山科《やましな》言継《ときつぐ》の『言継卿記』には駿府滞在中の様子が記録されている。今川館に招かれて歌会に参加したり、囲碁や音曲・香を楽しんだのだ。狂言や舞楽も見物しており、文化が花開いている光景が浮かび上がってくる。

上方で人気の茶の湯も盛んだった。今川館には茶室もあった。

駿府の町割りは碁盤状で、京都の町割りがモデルとなっていた。京都と同じ名称の清水寺、愛宕《あたご》山と名付けられた山まであった。京都を強く意識した街づくりが確認できよう。

戦国大名今川氏の滅亡

今川氏により京都をモデルにした街づくりが進められた駿府には、後に駿府城を築城して居城とする徳川家康が少年時代を送っている。八歳の時から十年余、今川氏の人質として駿府にいた。

天文十一年（一五四二）、家康は三河国岡崎城主松平広忠《ひろただ》の嫡男として生まれた。松平氏は三河有数の領主ではあったものの、三河一国を支配する戦国大名ではなかった。というよりも、当主広忠は同族の松平一族さえ統制できていなかった。

家康誕生前のことだが、一族の者に反旗を翻《ひるがえ》されたため三河にも居られなくなり、他国を流浪した時代まであった。同六年（一五三七）、広忠は三河に影響力を強める義元のバックアップを受け、ようやく岡崎城に戻っている。

だが、その代償として今川氏への従属を余儀なくされた。引き続き一族の統制に苦しむ。同十八年（一五四九）には家臣の手にかかって殺害されてしまう。

当時、家康は八歳だった。同じ年には人質として今川氏に送られることになり、以後十年余にわたって駿府での生活を強いられる。

永禄三年（一五六〇）五月の桶狭間の戦いで、尾張国の戦国大名織田信長が義元を討ち取る。これを機に今川氏は凋落《ちようらく》の一途をたどるが、当時松平元康と名乗っていた家康は今川氏からの自立をはかり、三河統一に邁進した。同九年（一五六六）までに、今川氏は三河から駆逐《くちく》されていった。

一国を支配する戦国大名に成長した家康は朝廷に奏請し、名門新田氏（清和源氏）の流れを汲む徳川への改姓が許可される。それに伴い、三河国の支配を意味する従五位下三河守に叙任された。実力で勝ち取った三河の支配が朝廷からも認められる。

三河統一後、家康は今川氏の領国遠江に食指を伸ばしたが、同じく今川氏の領国駿河を狙う甲斐国の戦国大名武田信玄と密かに手を結ぶ。武田氏は小田原城を居城とする北条氏や今川氏と同盟関係にあったが、家康との提携はその破棄を意味した。

同十一年（一五六八）十二月、信玄は駿河への侵攻を開始する。時を同じくして、家康も遠江に侵攻した。義元の死後、今川氏は急速に勢威を失っており、信玄や家康のもとに走る領主が続出する。

挟撃された氏真は武田勢の侵攻を薩《さつ》埵《た》峠《とうげ》で迎撃しようとはかるが、突破される。そのため、駿府を脱出して遠江の掛川城に逃げ込んだ。

攻め込んできた武田勢のため、駿府は火の海となる。今川館も紅蓮の炎に包まれた。

かたや、遠江の平定を進める家康は氏真が籠る掛川城に迫ったが、駿府占領に成功した武田勢は苦境に陥っていた。北条氏が氏真に加勢して薩埵峠を占領し、武田勢の退路を遮断したからである。窮地に立った信玄は駿府を撤退し、甲府に帰国する。武田勢が撤退した駿府には家康が入った。

駿府を占領した家康は氏真の籠る掛川城を攻め続けるが、今川勢の抵抗は激しく攻城は長期化する。よって、翌十二年（一五六九）五月に、駿府を返還するとの条件で氏真と和睦した。掛川城を開城させた家康は遠江の平定を完了する。

家康に駿府を横取りされた格好の信玄は、当然ながら不満を持つ。同年十二月、再び駿河に侵攻した武田勢は北条勢を撃破し、駿府を再び占領した。家康退去後、駿府に駐屯していた今川勢を指揮下に入れた信玄は、やがて駿河の大半を平定する。元亀二年（一五七一）末には北条氏と和睦し、駿河は事実上武田氏の領国となった。

これにより、氏真は駿府に戻れなくなり、戦国大名としての今川氏は滅亡する。小京都としての歴史も終焉を迎えたのである。

駿府城の築城

今川氏の領国を分け合った信玄と家康だが、提携関係は瓦解寸前であった。駿府を横取りされたことが信玄の不信感を増幅させたことは言うまでもない。

元亀三年(一五七二)十月、信玄は家康の領国遠江に侵攻し、両者は開戦となった。以後、武田氏と徳川氏の死闘が十年余にわたって続くが、決着が付いたのは天正十年(一五八二)のことである。

この年の三月、信長と家康の連合軍が武田領に攻め込み、信玄の跡を継いでいた武田勝頼を自刃に追い込む。武田氏は滅亡し、駿河は家康の領国となった。

その後、家康は武田氏旧領の甲斐や信濃も版図に組み入れ、五か国で約百万石を領する大名に成長する。同十三年(一五八五)からは、今川館があった場所に駿府城を築きはじめた。

それまで、家康は遠江の浜松城を居城としていたが、翌十四年(一五八六)十二月四日に、駿府城へ居城を移す。この年より、駿府は家康のお膝元としての歴史がはじまる。

その直前の十月二十七日に、家康は天下統一を進める豊臣秀吉の居城大坂城に赴いて秀吉に拝謁し、臣従の意思を示した。これにより、天下統一には九州と関東・東北の平定を残すのみとなるが、家康は関東の北条氏を秀吉に臣従させる役目を課せられていた。駿府城への居城移転とはその一環でもあった。

しかし、秀吉が九州を平定した後も北条氏は臣従しようとしなかったため、同十八年（一五九〇）三月より北条攻めがはじまる。家康は秀吉軍の先鋒として関東に侵攻し、小田原城攻めに加わった。

北条氏は秀吉の大軍の前になす術がなく、七月五日に降伏する。十一日、北条氏政たちが切腹し、戦国大名としての北条氏は滅亡した。十三日には秀吉が小田原城に入城し、関東は平定された。同年のうちに東北も平定され、秀吉による天下統一が完了する。

関東平定を受け、秀吉は家康の五か国の所領を取り上げて北条氏旧領に封じる。あわせて、江戸城を居城とすることを命じた。

家康の旧領には子飼いの大名たちを封じた。関東転封により二百五十万石の大名となった家康への備えとしたのだ。駿府城は中村一氏《かずうじ》に与えられている。

駿府城は北条攻めを境に、秀吉による家康包囲網の最前線の城として家康の前に立ち塞がることになった。家康のお膝元としての歴史は四年弱で終わったものの、その十年後には駿府城を取り戻すのである。

天下普請による駿府城大増築

慶長五年（一六〇〇）九月十五日の関ヶ原の戦いに勝利した家康は、豊臣家に代わって天下人の座に就いた。

東海地方に配置された秀吉子飼いの諸大名は総じて家康に味方したが、論功行賞では加増を口実に遠隔地へ転封される。西国へ一斉に移された。

家康はその跡に徳川一門や大名に取り立てた家臣（譜代大名）を配置し、本拠である東国を固めた。駿府城は家康の異母弟ともいわれる内藤信成《ないとうのぶなり》に与えた。

同八年（一六〇三）二月十二日、家康は征夷大将軍に任命され、江戸に幕府を開いた。名実ともに天下人となったことで、居城の江戸城とお膝元の江戸城下町の拡張工事に諸大名を意のままに動員できるようになる。これを「天下普請」という。

それまでは徳川氏のみで拡張工事は進められたが、江戸開府後は天下普請の名のもとに諸大名を動員することで、秀吉の大坂城をはるかに越える規模の江戸城が造られていく。

二年後の同十年（一六〇五）四月、家康は秀忠に将軍職を譲り、以後大御所と呼ばれた。幕府の実権は引き続き握っており、いわゆる大御所政治の時代が到来する。そして、江戸城も秀忠に譲ったことを受け、居城を移す運びとなる。家康が選んだのはかつての居城駿府城であった。

翌十一年（一六〇六）四月に駿府城主の内藤信成を近江長浜に転封し、城主不在となった駿府城の大拡張に着手する。江戸城と同じく、天下普請により工事は進められた。

家康の天下になったとはいえ、大坂城には豊臣家が健在で、徳川家の基盤はまだまだ脆弱だった。秀吉子飼いの豊臣恩顧の諸大名も関ヶ原の戦いでは家康に味方したものの、いつ敵に転じるかわからなかった。

家康の身に何かあれば豊臣氏に走り、石田三成のように家康打倒を目指す恐れがあった。大坂落城の時まで、豊臣氏の存在は家康にとり目の上のたんこぶだった。

よって、天下の情勢が急変して、豊臣氏や豊臣恩顧の諸大名が江戸城を攻めてくる事態も想定しなければならなかった。家康が大坂城を越える規模の江戸城を造り上げようとした理由は、まさにその点に求められる。

駿府城の大拡張も同様の事態を想定したものだった。駿府城で食い止める狙いが秘められていたが、家康はその任にみずからあたるため、居城と定めたのだろう。同十二年（一六〇七）七月三日、家康は駿府城内に完成した本丸御殿に入っている。

開幕当初は前将軍の家康が駿府で大御所政治を展開する一方、江戸には現将軍秀忠がいた。当時は二元政治の形が取られ、秀忠が関東・東北、家康が東海以西を担当した。家康がイニシアチブを握っていた以上、駿府が事実上の首都のようなものだった。

駿府の人口は増加していく。当時駿府に立ち寄った外国人の記録によると、十万〜十二万人にも達した。

慶長二十年（一六一五）五月、大坂城は落城して豊臣氏は滅んだ。その翌年にあたる元和二年（一六一六）四月十七日には、家康が七十五才の生涯を駿府城で終える。

家康の死により、それまでの二元政治も終焉を迎え、幕政は秀忠のもとに一元化された。この後、駿府の人口が減るのは避けられず、二万人を超えることはなくなる。

家康の死後は十男の頼宣《よりのぶ》や、孫にあたる忠長が駿府城を居城としている。だが、寛永《かんえい》九年（一六三二）に忠長が改易されると、駿府城は江戸から旗本が派遣されて城代を務める城に格下げとなった。大名が居城とするのは、幕府滅亡後の慶応四年（一八六八）を待たなければならなかった。

晩年の家康がお膝元とした上に終焉の地にもなったことで、駿府は家康のイメージが強い城下町である。大御所政治の時代は事実上の首都として最盛期を迎えるが、前史には今川氏が造り上げた小京都の時代があった。少年時代の家康は駿府という名の小京都で十年余を過ごし、飛躍の機会を待ったのである。

名古屋

将軍のライバル尾張徳川家の城下町

尾張名古屋は城で持つ

江戸時代に流行った俗謡《ぞくよう》に「伊勢は津で持つ　津は伊勢で持つ　尾張名古屋は城で持つ」がある。伊勢国には津の港があるため伊勢神宮への参拝客が多く、津の港は伊勢神宮への参拝客が利用するため栄えたことに掛け、尾張国の名古屋は城のお蔭で栄えたことを評したものであった。

伊勢音頭の一つとされているが、政令都市では横浜、大阪に次いでナンバー3の人口を誇る大都市として繁栄を続ける所以は名古屋城なくして語れない。

江戸時代に入ってから急成長を遂げた名古屋は、将軍に次ぐナンバー2の座にあった尾張徳川家のお膝元でもあった。尾張藩が密かに抱く将軍（幕府）への激しい対抗心から、一時期名古屋城下は三都を凌ぐほどの繁栄をみせる。となれば、名古屋で江戸への対抗心が醸成されていくのは自然の成り行きだろう。

江戸との関係から名古屋が歩んできた歴史を振り返る。

今川氏が築いた那古野城

かつて、名古屋は那古野と呼ばれていた。那古野に城が築かれたのは大永年間（一五二一～二八）のこととされる。

那古野城というと尾張の織田氏のイメージが強いが、那古野城を築いたのは戦国大名の今川氏親だった。奇しくも、桶狭間の戦いで信長に討ち取られた今川義元の父にあたる。

今川氏は駿河を本拠としたが、当時は三河と尾張国の東半分も支配下に置いていた。いわば最前線の拠点として築城し、子の氏豊《うじとよ》を城主に据える。

しかし、尾張国の守護代で尾張下四郡（海西・海東・愛知・知多郡）を支配する清洲城主織田大和守家の分家織田信秀《のぶひで》が折しも台頭しつつあり、天文七年（一五三八）頃に那古野城を奪ってしまう。同十五年（一五四六）頃には古渡《ふるわたり》城を築いて居城とした。それに伴い那古野城は跡継ぎの信長に譲ったため、信長の居城となったのである。

同二十年（一五五二）に信秀が死去すると、信長が家督を継ぐ。信秀の頃より、主家の大和守家を凌ぐ勢いを示していたが、弘治二年（一五五六）に信長は当主の信友を滅ぼし、下四郡をほぼ掌中に収める。そして、大和守家の居城だった清洲城を自分の居城とした。

清洲城に入った信長は叔父の信光《のぶみつ》に那古野城を与え、城主とした。信光の死後は重臣林《はやし》秀貞《ひでさだ》の居城となっている。

一方、永禄二年（一五五九）に尾張の上四郡を支配する守護代織田信賢《のぶかた》の居城岩倉城を陥落させることで尾張国の大半を掌中に収めた信長は、翌三年（一五六〇）に桶狭間で今川義元を討ち取り、天下に名を轟かせる。その後、美濃を平定した信長は居城を清洲城から岐阜城に移した。

同十一年（一五六八）年には上洛を果たし、京都を掌握する。天正七年（一五七九）には琵琶湖沿岸に築いていた安土城が完成し、新たな居城とした。天下統一に向けて邁進するも、同十年（一五八二）に京都の本能寺で重臣明智光秀のため自害して果てる。

天下統一が夢のまた夢となった同じ年に、かつての居城那古野城は廃城となった。いったん、歴史から消えたのである。

信長の飛躍を支えた熱田湊

後に名古屋城と深い関わりを持つことになる熱田湊は、江戸時代に入ると名古屋の玄関口として繁栄する。伊勢桑名との間を海路で結ぶ「七里の渡し」という渡船場も置かれた。東海道の宿場町熱田宿としても発展するが、古くから熱田神宮の門前町として栄えたため宮宿という名称でも知られた。

熱田宿には東海道のみならず、中山道垂井《たるい》宿で中山道と合流する美濃街道、佐屋《さや》宿を経由して伊勢に向かう佐屋街道が走り、伊勢湾にも面していた。尾張や伊勢における水陸交通の要衝として物流や商業の一大拠点となっており、戦国時代には経済都市として発展を遂げる。

よって、那古野城を奪取した信秀は熱田を支配下に置く。その富を得ようとしたが、湊の通行税である津料を徴収することでさらなる富を蓄えた。信秀そして信長の二代で尾張の平定を成し得た経済力は熱田を掌握したことが大きかった。

信長と熱田のシンボルたる熱田神宮との関係も深かった。

桶狭間の戦いに先立ち、清洲城を出陣した信長は那古屋城を通り越して熱田神宮に入っている。軍勢が揃うのを待つが、戦勝祈願も行った。日本武尊の危難を救った草薙剣《くさなぎのつるぎ》が御神体であるから、そのパワーに期待したのだろう。

戦勝祈願の願文を神前に捧げた後、いよいよ進軍を開始する段となるが、その時白鷺《しらさぎ》が本殿から飛び立つ。これを見た信長は、熱田大神が自分たちを守っている証拠と大声で叫んだ。今川氏との決戦に臨む軍勢の士気が高まったのは言うまでもない。

桶狭間の戦いは熱田神宮の御加護もあって信長の勝利に終わり、大勝した御礼として、「信長塀」と称される築地塀を奉納している。今も熱田神宮にある信長塀は日本三大土塀の一つとされる。

名古屋築城の意図

信長の死後、清洲城は次男信雄《のぶかつ》の居城となるが、その期間は十年にも満たなかった。

信長の後継者として天下統一を進める豊臣秀吉は、天正十八年（一五九〇）七月に関東の雄・北条氏を滅ぼし、事実上天下統一を実現する。その戦後処理として徳川家康を北条氏旧領に封じたが、家康の旧領五か国（三河・遠江・駿河・甲斐・信濃）を誰に与えるかが次の問題となる。

秀吉としては、尾張・伊勢を領国とした清洲城主の信雄を封じる腹積もりだった。単なる加増ではなく、信雄の所領を取り上げた上での転封であった。

ところが、信雄は父祖よりの所領である尾張を離れるのを嫌がり、転封命令を拒否した。そのため、秀吉の怒りを買う。所領を取り上げられ、下野の烏山《からすやま》に流された。

家康の旧領に封ぜられたのは秀吉子飼いの大名たちだった。尾張の清洲城は福島正則に与えられたが、東海地域では駿河に中村一氏（駿府城主）、遠江に堀《ほり》尾《お》吉晴《よしはる》（浜松城主）と山内一豊《かずとよ》（掛川城主）、三河には池田輝政《てるまさ》（吉田城主）と田中吉政《よしまさ》（岡崎城主）が入っている。

正則たちは関東に封ぜられた家康の監視役も兼ねた。

それから、ちょうど十年後の慶長五年（一六〇〇）に起きた関ヶ原の戦いで家康が天下人の座に就くと、論功行賞で正則は加増の上、安芸国広島に国替えとなる。そして、関ヶ原で奮戦した家康の四男松平忠吉が清洲城主に封じられた。忠吉には五十二万石の大封が与えられている。

だが、同十二年（一六〇七）に病のため二十八歳で死去する。忠吉には跡継ぎがいなかったため、弟にあたる家康九男の義直が清洲城を与えられた。

これを機に、家康は清洲城の大修理を計画するも、家臣の山下氏勝《うじかつ》からの進言を受けて方針を変更する。その進言とは、廃城となっていた那古野に居城を移すことだった。

清洲城は低地にあったため、水害に遭いやすかった。水攻めを受ける危険性もあったが、熱田台地に立つ那古野ならばそうした恐れはない。その上、熱田湊にも近いため交通の便も良いとの理由を挙げ、那古野を居城とするよう進言されたのだ。

こうして、家康は清洲城の廃城、那古屋改め名古屋城の大増築を決める。名古屋城が復活する代わりに、清洲城は歴史から消えていった。

同十五年（一六一〇）より、幕府は西国の諸大名に対して名古屋城の築城を命じる。既に家康は天下人として、お膝元の江戸城と城下町の拡張工事に諸大名を動員していた。この方式は「天下普請」と呼ばれるが、同様の方式が名古屋城の大増築でも採られ、江戸城、大坂城に次ぐ巨大城郭が誕生する運びとなる。

家康が巨大な名古屋城を築いた背景には、大坂城を居城とする豊臣氏の存在があった。

慶長八年（一六〇三）に家康は将軍宣下《せんげ》を受けて名実ともに天下人の座に就くが、その基盤はまだまだ脆弱で、関ヶ原の戦いで家康に味方した福島正則たち豊臣恩顧の諸大名にしても、いつ敵方に転じるか分からなかった。家康の身に何かあれば豊臣氏に走り、石田三成のように家康打倒を目指すかもしれない。大坂落城の時まで、豊臣氏の存在は家康にとり目の上のたんこぶだった。

天下の情勢が急変し、豊臣氏や豊臣恩顧の諸大名と手切れとなる事態を想定する必要があったわけだが、尾張は江戸と大坂のほぼ中間点に位置していた。よって、名古屋に巨大な城郭を造ることで、緊急事態に備えようとしたが、東海道の抑えとなることも期待した。名古屋城の築城にはそんな家康の真意が秘められていた。

同十七年（一六一二）末には天守が完成するが、本丸御殿が完成したのは同二十年（一六一五）初めのことである。折しも豊臣氏滅亡に帰結する大坂の陣の最中だった。

清洲越と名古屋の街づくり

豊臣氏と豊臣恩顧の諸大名を仮想敵として、かつ東海道の抑えとして築かれた名古屋城だが、家康は清洲の町をまるごと名古屋に移すことを決める。築城関係者、武士、職人、商人など約六万人のほか、約百の寺社、六十七もの町が名古屋に移された。これを「清洲越」と称した。

そのため、城下町も巨大なものとなるが、那古野城を取り込む形で熱田台地北西の端に築いた城郭の南側に、町人の居住地が造成されたのが特徴である。碁盤の目のように正方形に区切られた町であったことから、「碁盤割」と呼ばれた。

この町割りが現在の名古屋市中心部の原型となる。本町通、広小路、四間道などの通りも、この時期に整備されたものだった。そして、町人地の東と南に家臣が住む武家地、その外側に寺社が集まる寺町が造られた。

城郭の建設や城下町の造成とともに、同じく慶長十五年には名古屋城と熱田湊を結ぶ堀の開削が開始される。これが現在も名古屋の町を流れる「堀川」であり、開削を命じられたのは、かつて清洲城主だった福島正則である。堀川は全長七・二四キロメートル、川幅は二三・六〜九四・六メートルであったが、翌十六年には工事が完了する。

堀川の開削により、内陸部にある城下町に材木や生活物資を大量に運びこむことが可能となった。城郭や城下町建設に必要な物資も、熱田湊から堀川経由で運ばれた。当時は、水運でなければ大量の物資を運送することは無理で、堀川は名古屋城下の発展にも大きく貢献する。城下町を流れる堀川は物資の流通路だけの役割を果たしたのではない。外堀の役割も担っていたことは見逃せない。

こうして、尾張六十二万石のお膝元にふさわしい名古屋の町が造り上げられていく。豊臣氏滅亡後は、徳川御三家筆頭に位置付けられた尾張藩が幕府を支える歴史的役回りを演じることが期待されたが、そうならなかったのは歴史の皮肉であった。

尾張藩が幕府に抱いたライバル心

江戸幕府初代将軍の家康は三男秀忠に徳川宗家を継がせて二代将軍の座に就かせたが、

秀忠の血統が絶えるのを恐れ、将軍家を継ぐ資格を持つ三つの家を創設する。秀忠の弟で義直（家康九男）を藩祖とする尾張藩、頼宣（十男）を藩祖とする紀州藩、頼房《よりふさ》（十一男）を藩祖とする水戸藩の徳川御三家である。

　秀忠の子孫に将軍の継承者がいない場合は、分家たる御三家が宗家を継いで将軍職を継承すると定めた。だが、同じ御三家でも尾張・紀州藩と水戸藩の間には格差があった。

　尾張藩の石高は約六十二石である。石高では外様大名の加賀藩・薩摩藩・仙台藩には及ばなかったが、官位は従二位の大納言まで昇進できた。尾張藩の従二位大納言とは諸大名のなかでは最高位で、将軍に次ぐ官位でもあった。まさにナンバー2だった。

　紀州家は五十五万石余で、同じく従二位大納言まで昇進可能であり、同格と言ってよい。ただ、尾張藩の藩祖が家康の九男で、紀州藩の藩祖がすぐ下の弟だったことが、石高が尾張藩よりも五万石ほど少なかった理由だろう。

　水戸藩の石高は三十五万石で、尾張・紀州藩の半分ほどしかない。その上、従三位中納言までしか昇進できなかった。

　同じ御三家といっても、尾張・紀州藩に比べると格差が付けられていた。家格が劣っており、将軍職の継承レースで不利は免れなかった。

御三家から将軍家を継いだ事例は二つあるが、いずれも紀州藩だった。最初は七代将軍家継《いえつぐ》が夭折《ようせつ》し、秀忠の子孫でしかるべき相続者がいなくなった時である。財政難に苦しむ紀州藩の藩政改革に成功した実績や六代将軍家宣《いえのぶ》の御台所《みだいどころ》天英院《てんえいいん》の強い推しにより、紀州藩主の吉宗が尾張藩主の継友《つぐとも》や水戸藩主の綱條《つなえだ》を抑えて八代将軍の座に就く。その裏では尾張藩と紀州藩の暗闘があったともいう。

尾張藩としては、弟分にあたる紀州藩の藩主が将軍の座に就き、臣下の礼を余儀なくされるのは屈辱だったはずである。

名古屋城下の繁栄

享保《きょうほう》十五年（一七三〇）に、吉宗と将軍の座を争った尾張藩主の徳川継友が急死する。継友には跡継ぎがいなかったため、弟で尾張藩分家の陸奥梁川《やながわ》藩主となっていた松平通春《みちはる》が実家に戻り、その跡を継いだ。吉宗の宗の字を賜り、尾張藩七代目藩主徳川宗春《むねはる》が誕生する。吉宗より十二歳年下だった。

当時は、吉宗主導による享保改革の真っ最中であった。享保改革とは徹底した緊縮政策により財政難の克服を目指す政治改革であり、既に黒字財政への転換を実現していた。しかし、吉宗の緊縮政策により経済は沈滞化し、不況に苦しむ者が多かった。改革の裏では怨嗟《えんさ》の声も上がっていた。そうした不満を代表するような形で、吉宗とは真逆な政治を尾張藩で展開したのが宗春だった。

　宗春は倹約や緊縮政策がかえって庶民を苦しめているとして、経済に刺激を与えることで賑わいを増そうと考えた。まわりまわって、庶民の生活も豊かになるという経済思想である。

　享保十五年に藩主の座に就くと、まずは名古屋東照宮の例祭を盛大に執り行わせた。この祭りを契機に、名古屋城下での宗春の人気は高まる。それだけ、不況のため人心が沈滞していたのだ。続いて、前藩主継友が禁止した藩士の芝居見物を許可した。

　翌十六年（一七三一）七月の城下での盆祝いは、娘八百姫《やおひめ》の喪中であったことから取り止めとなるが、代替措置として、七月二十四日と八月一日の両日に盆踊りをさせている。京都の祇園祭を上回る賑わいだったともいう。翌二日には町の踊り組二百組に踊らせ、宗春自身も見物している。

当時は尾張藩に限らず、芝居や相撲《すもう》の興行は許可制が取られたが、宗春は規制を大幅に緩和する。その結果、一年に一回とされた芝居興行が同十七年（一七三二）には百十七回を数え、城下南方の大須には芝居小屋が六十軒以上も立ち並んだ。そのため、地元の役者だけでなく、旅役者や上方の役者も名古屋へやって来るようになる。

吉宗が厳しく統制した遊郭の営業まで広く許可したことで、名古屋城下には全国から千人を超える遊女が集まり、遊女町も次々と生まれた。芝居小屋や遊郭の周りには遊客をターゲットにした店が軒を連ねた。

宗春が派手な衣装を着て城下の寺社を参詣したことも、そうした傾向に拍車をかける。領内の賑わいを増すため、範を垂れたのだ。

名古屋城下の賑わいに連動して、地元の商人たちも商売を拡大させたが、呉服商伊藤次郎左衛門家はその象徴だろう。現在の松坂屋である。このころ、江戸の越後屋（三井）や京都の大丸屋などの有力呉服商も名古屋に進出している。江戸の名物として知られた幾世《いくよ》餅《もち》や伊勢の名物赤福餅も城下で売られた。

このように、尾張藩のお膝元である名古屋城下は活況を呈して、三都を凌ぐほど繁栄したとも言われる。庶民も経済に刺激を与える宗春の政策を歓迎したが、吉宗に当て付けるかのような一連の政策は、当然ながら幕府の忌諱《きい》に触れた。

尾張藩の挫折

享保十七年九月、吉宗は尾張藩に詰問に及んだ。

だが、宗春は真っ向から反駁《はんばく》する。倹約を他人に押し付けることは君主のなすべきことではないとまで申し立てたため、処罰は避けられない状況となる。

幕府への対抗心を隠そうとしない宗春に、尾張藩の重臣たちは危惧の念を抱く。徳川御三家筆頭の大名といえども、このままでは只では済まないとして、宗春と距離を置きはじめる。幕府は宗春を支える立場の重臣たちを取り込み、外堀を埋めていった。

宗春の政策も良いことばかりではなかった。城下町の風紀が乱れたからである。緊縮政策を取らなかったことで藩財政は大幅な赤字となり、藩内からも批判が高まっていく。

元文《げんぶん》四年（一七三九）一月十二日、尾張藩の重臣たちは江戸城に呼び出され、宗春の蟄《ちつ》居《きょ》謹慎《きんしん》を申し渡される。翌日、宗春は隠居を命じられ、従弟の宗勝が藩主の座に就いた。

宗春の隠居を機に、尾張藩政は軌道修正される。その結果、多くの芝居小屋や遊郭が取り払われ、城下の繁栄も一旦終息に向かう。

幕府の方針に楯突いた尾張藩は、その後長らく雌伏の時を余儀なくされる。だが、泰平の世を背景に名古屋城下は再び賑わいを取り戻す。江戸への対抗心を抱きながら、三都に次ぐ巨大都市として明治維新を迎えるのである。

大阪

織田信長の居城になるはずだった天下の台所

難波に都が置かれた理由

東京と何かと対比されることの多い大阪は、東京よりもはるかに長い歴史を持つ都市である。日本史上、江戸が登場するのは平安末期が最初とされるが、大阪の場合、難波《なにわ》と呼ばれた頃にさかのぼると、その名は古墳時代に登場する。

天皇の都が難波京として置かれた時代もあった。古墳時代には第十六代仁徳天皇の皇居が置かれた。これを難波高津宮《たかつのみや》という。いわゆる大化の改新の際にも難波長柄豊碕《ながらとよさき》宮が置かれた。時の天皇は第三十六代の孝徳天皇である。第四十五代の聖武天皇が一時難波に都を置いたこともあった。

奈良時代、難波京は副都として位置付けられる。当時の都は平城京だが、同時代の唐王朝には長安・洛陽《らくよう》という二つの都があった。古代の東アジア世界では複数の都が設置されるのがトレンドであり、日本でも唐に倣って複都制が採用されたことがわかる。

難波京には平城京と同じく、碁盤の目の街並みが広がり、四天王寺などの大寺院も置かれた。近年の発掘調査により、唐の都をモデルとした壮大な宮殿が造られたことも判明している。

朝廷は副都難波京を含めた摂津《せっつ》国を支配する行政機関として摂津職を設置した。これは副都が置かれたことによる特別な措置だった。そのため、難波京が廃都となると摂津職も廃止される。摂津も他国と同じく国司が置かれて、支配にあたった。

朝廷が難波に都を置いたり、難波京を副都と定めたのは、西国との陸上交通の要衝だったことに加えて、瀬戸内海に面した水運の都市だったことが大きい。難波京のすぐ北側を流れる旧淀川が瀬戸内海に流れ込む場所には難波津と呼ばれた港があり、中国大陸や朝鮮半島に向かう使節団が船出する場所となっていた。諸国から朝廷に納入される租税や商品の集散地でもあった。

奈良時代以前から難波津は海の玄関口として発展していた。中国や朝鮮の文化や技術の窓口であり、五三八年（五五二年の説も）に伝来したと伝えられる仏教もその一つだった。

寺内町だった大坂

平安時代に入ると、難波京は廃都となるが、水陸交通の要衝だった難波の重要性が変わることはなかった。そして時代は飛ぶが、戦国時代に入ると難波が大坂として登場しはじめる。

難波京がかつて置かれたのは、現在の大阪市街中心部の東側を南北に走る上町《うえまち》台地であった。この台地一帯が難波と呼ばれたが、戦国時代に入ると上町台地を大坂と呼ぶ事例が確認できる。

歴史教科書で戦国時代が記述される際、必ず登場する用語に一向一揆がある。一向一揆とは、応仁・文明の乱（一四六七～七七）以降一世紀にわたって、畿内・北陸・東海で勢力を誇った浄土真宗本願寺派の僧侶・門徒による武装集団のことであった。

一向一揆が支配した地域では一向宗の寺院が核となった町が造られ、支配の拠点となった。これを寺内町と呼ぶが、町全体が堀や土塁で囲まれたのが特徴だった。

明応《めいおう》五年（一四九六）、本願寺派を率いる門主の蓮如《れんによ》が難波と呼ばれた上町台地に本願寺を創建する。石山本願寺と俗称される大坂本願寺の誕生だが、創建から二年後の同七年（一四九七）に蓮如が出した書状で、本願寺を創建した地を大坂と呼んだのが地名として登場する最初である。大坂という地名の初見とされる。

当時は、大坂のほか「小坂・尾坂・おさか」といった表記もみられる。地名から、坂の多い町だったことがわかるだろう。本願寺が立つ上町台地を指して、大坂、おさかなどと呼ばれていた。

難攻不落の要塞と化した大坂本願寺

大坂は本願寺の寺内町として発展を遂げるが、やがて強敵がその前に立ち塞がる。永禄十一年（一五六八）に念願の上洛を果たし、続けて畿内の平定を目指した織田信長である。足利義昭《よしあき》を室町幕府十五代将軍の座に就け、幕府そして朝廷が置かれた京都を掌中に収めた信長は周辺の地域、つまりは畿内（山城・大和・摂津・和泉・河内《かわち》）を版図に加えようと目論むも、その道は平坦ではなかった。元亀元年（一五七〇）以降、信長の強大化を恐れた戦国大名との戦いは激しさを増す。

信長により京都を追われた三好氏、近江の姉川で信長・徳川家康の連合軍と戦火を交えた浅井氏・朝倉氏などが反信長連合の中核をなした。これに本願寺つまり一向一揆が加わることになる。

既に本願寺は都市や農村の支配をめぐり、戦国大名と各所で軋轢《あつれき》を起こしていた。一向一揆という形で武力衝突に及ぶことも珍しくなく、信長との戦いは時間の問題だった。とりわけ、一向一揆の総本山たる大坂本願寺は畿内で存在感を発揮していたことから、尚更であった。

元亀元年九月、大坂本願寺を率いる門主顕如は信長との戦いを各地の門徒に指令する。みずからも三好氏などとの連携をはかりながら、信長との長い戦いに突入した。

本願寺の指令に応じた一向一揆との戦いに、信長は苦戦を強いられる。戦いは畿内のみならず、同じく一向宗の牙城たる東海や北陸にも広がっていった。

東海では伊勢長島、北陸では越前の一向一揆が信長に激しく抵抗した。なかでも伊勢長島の一向一揆との戦いでは、信長の弟信興《のぶおき》は自害に追い込まれ、重臣柴田勝家も負傷した。

そのため、信長は断固たる姿勢で臨む。天正二年（一五七四）八月に、長島城などに立て籠っていた一向一揆を撫で斬りに及んだ。老若男女を問わず、皆殺しにしたのだ。翌三年（一五七五）八月には越前の一向一揆を同じく撫で斬りに及び、鎮圧に成功する。

しかし、俗に石山合戦と称される大坂本願寺との戦いは長期戦を強いられた。一向一揆の総本山であったこともさることながら、本願寺が難攻不落の要塞に変じていたからである。

もともと、本願寺を核とする大坂の町は堀や土塁で囲まれた寺内町だったが、防禦力強化のため、周囲には柵や逆茂木、さらに要所には櫓を置いて鉄砲隊を配置した。逆茂木とは、敵の侵入を防ぐために茨の枝を束ねて結った柵のことである。まさに、戦国大名の城郭に勝るとも劣らない防禦体制を敷いていた。

それだけではない。本願寺の外に多くの出城や砦を設けたことで防禦力はさらに強化された。その上、周囲は海や淀川などの河川、そして湿地帯であり、まさしく天然の要害と呼ぶにふさわしい地形であった。

こうして、難攻不落の要塞と化した大坂本願寺との戦いは長期化する。結局のところ、信長は本願寺を攻め落とすことができないまま、同八年（一五八〇）閏三月、勅命に従って和睦する。朝廷（天皇）が仲介に立つ形で、門主顕如は本願寺を信長に明け渡した。意地を張ったままでは決着が付かなかったため、勅命という形で石山合戦を終わらせたのである。お互いの顔を立てるための究極の手段だった。

信長が大坂城を築城する予定だった

大坂本願寺を屈伏させることで、信長は一連の一向一揆との戦いに決着を付けたが、本願寺が立つ大坂には強い関心を持っていた。古来より、水陸交通の要衝だったことが理由であった。

淀川を通じて天皇のいる京都に近い上に、瀬戸内海や山陽道を通じて水陸両面で西国と繋がるという立地環境に注目したのだ。歴史をさかのぼれば、古代には難波京も置かれた。

「本願寺開城」により畿内平定を果たした信長にとり、次のターゲットは東国そして西国となる。そんな交通の便の良さを踏まえれば、大坂は西国平定の拠点としたいところだった。

よって、信長は大坂を手に入れると、城を築こうと考える。あまり知られていないかもしれないが、秀吉のイメージが強い大坂城は信長が築くはずの城であった。

ところが、二年後の同十年（一五八二）六月二日に、重臣明智光秀の襲撃を受け、信長は本能寺で生涯を終えてしまう。本能寺の変により畿内は大混乱に陥るが、後継者として台頭したのが秀吉である。

秀吉は同十三日の山崎の戦いで光秀を討った後、翌十一年（一五八三）四月にはライバルの柴田勝家を賤ヶ岳の戦いで倒すことで、天下統一を目指した信長の後継者としての立場を確立させる。

秀吉は信長の遺志を継ぐ形で大坂城の築城に取りかかる。かつての寺内町大坂がまるごと城に改造され、その外側に城下町が建設された。同十三年（一五八五）にはほぼ完成し、本丸・二の丸・三の丸・外郭《そとぐるわ》、そして五層八重の天守から成る大坂城が誕生する。以後も整備拡張の工事は続いた。

城郭は上町台地に建設され、幕下の大名や豊臣氏の家臣団、そして大坂城に生活物資を調達する商人などはその西側に住まわせている。城の西側はもともと低湿地帯だったが、秀吉は東横堀川、西横堀川などの水路を開削するとともに、掘り下げた土をもって埋め立てることで宅地を造成したのである。

江戸時代に入っても、城の西側に広がる湿地帯の埋め立ては続いた。大坂湾に向けて城下町が拡大することで、現在の大坂の原型が造られていく。さらに幾筋もの堀や川が掘削され、「水の都」と呼ばれた大坂の町が出来上がる。

だが、秀吉の死とともに大坂の町には暗雲が立ち込める。関ヶ原の戦いにより、豊臣氏から天下人の座を奪った徳川家康が征夷大将軍に任命されて江戸に幕府を開いたのである。大坂は天下人のお膝元の座を江戸に奪われ、豊臣氏という一大名の城下町に格下げとなるが、幕府の基盤はまだ盤石とは言い切れなかった。

豊臣氏そして大坂城の存在は家康にとって目の上のたんこぶだった。ここに大坂の陣へのレールが敷かれることになる。

秀吉の面影を消した江戸幕府

元和元年（一六一五）五月八日、秀吉がその名にかけて築いた大坂城は家康率いる幕府軍による攻撃の前に落城し、天守などの建物も焼け落ちた。豊臣秀頼と母淀殿は自害し、豊臣氏は滅亡する（大坂夏の陣）。

その後、幕府は灰燼と帰した大坂城の大改造に着手する。

大坂城は家康の外孫にあたる松平（奥平）忠明に与えられたが、同五年（一六一九）に忠明は大和郡山へ転封される。大坂は幕府直轄地となり、伏見城代の内藤信正が大坂城代に転じた。これが大坂城代のはじまりである。

家康の跡を継いで二代将軍となっていた秀忠は大坂城の大改造を企て、当代きっての城造りの名人とうたわれた津藩主の藤堂高虎《とうどうたかとら》に以下のように命じる。新たな大坂城は、堀の深さと石垣の高さを旧の二倍にするように。

豊臣氏から天下人の座を奪った徳川家としては、その存在をイメージさせる大坂城が秀吉時代のままに残されていては都合が悪かった。よって、秀吉時代の大坂城を覆い隠すように、焼け落ちた建物の上に盛り土がなされ、巨大な石垣が組み直される。
秀吉が造った天守よりはるかに大きい天守も造られた。これにしても秀吉のイメージを覆い隠したい意図が秘められていた。大坂城はさらに巨大化したため、肥前国平戸のイギリス商館長リチャード・コックスの証言によれば、秀吉時代の三倍もの規模になったという。

幕府は大改造した大坂城に城主は置かず、城代という形で有力譜代大名に預けたが、城の守衛だけがその職務ではなかった。西国諸大名の動静を監察することも城代の職務とされた。

江戸時代の大坂といえば、天下の台所、あるいは商人の町としてのイメージが一般的に強い。全国から大量の物資が送られたことで経済都市として発展するが、瀬戸内海や山陽道を通じて西国との水陸交通の要衝だった以上、幕府がその立地環境を重視したことに変わりはなかった。

だからこそ、有力譜代大名を大坂城代に任命したのだが、幕末に入って幕府の勢威が衰え、ついに倒れると、大坂は俄《にわ》かに脚光を浴びる。大坂遷都論が持ちあがったのである。

幻となった大坂遷都

幕末に入ると、政治の舞台は江戸から上方つまり畿内に移る。幕府（将軍）の権威低下とは対照的に、朝廷（天皇）の権威が急浮上したからだ。京都が政局の舞台となった結果、慶応三年（一八六七）十月の大政奉還により幕府は消滅する。十二月には、天皇をトップとする新政府が京都に樹立された。

翌四年（一八六八）正月三日、京都南郊の鳥羽・伏見で薩摩・長州藩を主軸とする新政府軍と旧幕府軍が激突する。いわゆる鳥羽・伏見の戦いで勝利を収めることで新政府の礎は固まるが、その直後に激震が走る。震源地は薩摩藩であった。

新政府首脳の一人である薩摩藩士大久保利通が大坂遷都を発議したのである。朝廷を構成する公家たちには寝耳に水の提案だったが、鳥羽・伏見の戦いの前から薩摩藩内では大坂遷都論が持ち上がっていた。

薩摩藩士の伊地知《いぢち》正治《まさはる》などは大坂城の本丸を皇居とし、二の丸に役所を置くよう提起している。世界各国の首都や江戸城を見た外国人が、天皇のいる御所をみてどう思うのかという危惧が背景にあった。

江戸城に比べればかなり小規模であることを懸念したわけだが、遷都にはもう一つ大きな理由があった。旧習から脱却するには遷都にまさるものはないという考えであり、大久保もこれに同意したのだ。

同月二十三日、大久保は大坂遷都の建白書を提出する。しかし、公家たちの猛反発に遭って却下となる。平安遷都以来、千年もの歳月を重ねた歴史は重かった。

大坂遷都が日の目を見ることはなかったが、代わって江戸を東京と改称した上で遷都する案が浮上する。同じく公家たちは反発したものの、新政府は東京遷都を強行する。

慶応四年改め明治元年十月十三日、天皇は旧江戸城西丸御殿に入った。江戸城は東京城と改められ、皇居と定められる。

いったん、京都に戻った上で、翌二年（一八六九）三月二十八日、天皇は再び東京城に入った。布告されることはなかったものの、この日が事実上東京遷都の日だった。

大坂が再び天皇のお膝元となることはなかった。だが、京都と同じく東京よりも長い歴史を持ち、都が置かれた歴史も備えていることは、いきおい東京への対抗心を呼び起こす原動力となる。そして現在に至っている。

神戸

平清盛が遷都した福原京があった

古くて新しい港町・神戸

神戸というと、現在では京都・大阪とともに三都として括《くく》られることが多いが、両都市に比べると歴史の新しい都市のイメージが強い。同じく幕末に開港場となった横浜のようなハイカラな港町のイメージもある。だが、かつて福原京が置かれていたことはあまり知られていない。

大輪田泊《おおわだのとまり》という港を擁した福原京の時代は半年にも満たなかったが、港町としての歴史はその後も続いた。大輪田泊は兵庫津として繁栄を極めるが、幕末に入ると大きな転機を迎える。

その頃、神戸は兵庫港に隣接する漁村に過ぎなかったが、幕末に兵庫が開港場に指定されたことで、神戸港が歴史の表舞台に登場する流れとなる。

福原京に注目することで、神戸港の知られざる前史に光を当てる。

平家の台頭

桓武天皇が長岡京から遷都して以来、京都は千年以上も都であり続けるが、一時福原京に遷都したことがあった。遷都を強行したのは平清盛である。

平清盛の一門を指す言葉である平家はライバルとなる源氏と同じく、皇族が臣籍降下することで誕生した。現在の県知事にあたる地方の国司となって財を蓄え、国司を辞めた後もその地に土着した。武士として、土着した地域で隠然とした実力を誇る。

平安時代も後期に入ると、中央政府たる朝廷の力が弱まったことで、各地に割拠していた平家や源氏がその軍事力をもって台頭する。朝廷はその力を利用することにより、抵抗勢力を抑え込もうとはかった。

当時、興福寺や延暦寺といった有力寺院は僧兵を組織していた。僧兵をもって様々な要求を強訴《ごうそ》したため、朝廷は対応に苦慮する。よって、平家や源氏などの武士団を「北面の武士」に登用してみずからの楯にすることにより、その要求を退けようと目論む。

平家や源氏率いる武士団を傭兵《ようへい》としたのだ。なかでも朝廷の最高権力者白河法皇の信任を得ていたのが清盛の祖父にあたる平正盛《まさもり》だった。

正盛は京都で警察・司法権を行使する検非違使《けびいし》や、諸国の凶徒を捕縛する追捕使《ついぶし》に任命されて治安維持にあたったほか、備前守や讃岐守など西国の国司を歴任して財を蓄える。その子忠盛《ただもり》も検非違使や播磨守など西国の国司を歴任した。ついには、清涼殿の殿上の間に昇ること（昇殿）を許される。いわゆる殿上人となった。

朝廷からは瀬戸内海の海賊の追討も命じられた忠盛だったが、同じ瀬戸内海をルートとする日宋貿易に参入していることは注目される。当時中国大陸を支配していたのは宋王朝だが、日本とは外交関係がなかった。

しかし、民間レベルでの経済交流つまり貿易は盛んに行われており、忠盛は日宋貿易に参入することで富を蓄積した。高級織物や香料などの輸入品を転売することで莫大な利益を得る。

その路線を推し進めたのが、子の清盛であった。

永久《えいきゅう》六年（一一一八）、清盛は平忠盛の長男として生まれたが、朝廷内で台頭するきっかけとなる戦乱が起きる。保元元年（一一五六）に起きた保元の乱だ。続けて平治《へいじ》元年（一一五九）に勃発した平治の乱ではライバルの源義朝を倒す。

保元・平治の乱という都での合戦を経て、清盛は朝廷の最高権力者たる後白河法皇にその実力を知らしめる。法皇も清盛と手を結ぶことで権力（院政）の維持強化をはかれるメリットがあった。

法皇の信任を得た清盛は参議、権中納言、権大納言、内大臣と昇進し、仁安《にんあん》二年（一一六七）二月には太政大臣の極官に昇る。朝廷のトップに立った。一門の面々も高位高官に就き、清盛の義弟平時忠などは「平家にあらずんば人にあらず」と豪語する。

そんな平家の隆盛を支えた要因の一つが日宋貿易による利益だった。

平家打倒の挙兵

平治の乱から三年後にあたる応保《おうほう》二年（一一六二）に、清盛は摂津国八部《やたべ》郡の調査を通じて同郡を支配下に置く。清盛が八部郡に目を付けたのは、良港として知られた大輪田泊があったからである。

神戸港の淵源となる大輪田泊は、奈良時代に僧行基《ぎょうき》が摂津・播磨の沿岸に造った「摂《せっ》播《ばん》五《ご》泊《はく》」の一つで、瀬戸内海航路の要港とされた。当時、日本に来航した宋の船は博多に入港するのが習いだったが、父忠盛と同じく西国の国司を歴任することで瀬戸内海沿岸諸国に影響力を強めた清盛は大輪田泊への入港を促し、平家主導の日宋貿易を目論む。

八部郡を手に入れることで大輪田泊を掌握した清盛はその改修を行い、嘉応《かおう》二年（一一七〇）より宋船の入港を実現する。以後、大輪田泊を拠点に日宋貿易を拡大させる。その近くに、都が置かれることになる福原があった。

清盛は福原に別荘を持っていた。太政大臣を辞した後、重病に陥った清盛はこれを機に出家する。仁安三年（一一六八）二月のことであり、そして京都から福原に移った。福原には弟たちの屋敷もあった。

出家して国政からは引退したはずの清盛だったが、その後も福原を拠点として、政治に強い影響力を持ち続ける。あわせて、大輪田泊を通じて日宋貿易にも深く関与した。清盛は第八十代高倉天皇の中宮として娘の徳子（建礼門院）を入内させたが、治承二年（一一七八）十一月、徳子は清盛待望の皇子言仁《ときひと》親王を産む。孫にあたる皇子が皇位を継げば、天皇の外祖父として権勢はここに極まるだろう。

しかし、我が世の春を謳歌する平家一門の隆盛に危機感を強めたのが、清盛と提携していた後白河法皇その人であり、両者は激しく対立するようになる。法皇は清盛打倒を画策しはじめる。

治承三年（一一七九）十一月、危機感を強めた清盛は福原から軍勢を入京させて法皇を幽閉し、院政を停止する。翌四年（一一八〇）四月二十二日、孫の言仁親王が即位し、安徳天皇の誕生となった。清盛は天皇の外祖父となって絶頂の時を迎えるも、その直前に平家打倒の火の手が上がる。

同月九日、法皇の皇子で高倉上皇の兄にあたる以仁王《もちひとおう》が、平家打倒の挙兵に呼応するよう命じる令旨を発した。令旨とは、皇太子や親王・王といった皇族の命令を伝える文書のことである。

その後、以仁王は挙兵した。興福寺などの反平家勢力も呼応する動きをみせたが、以仁王は五月二十六日の宇治川の戦いで流れ矢にあたって落命し、挙兵は失敗に終わる。

だが、その令旨が引き金となり、平家に不満を持つ諸国の武士、なかでも対抗勢力だった源氏の面々が挙兵していく。

福原遷都と還都

以仁王の挙兵に衝撃を受けた清盛は、その直後の六月二日に安徳天皇、後白河法皇、高倉上皇を奉じて別荘のある福原へ向かう。途中で一泊した後、福原に入った。摂政藤原基《もと》通《みち》以下の公家や平家一門も同行させたが、突然のことであったため京都の人心は大いに動揺する。

迎え入れる側の清盛にも御所などの準備などはまったくなく、安徳天皇が清盛の弟頼盛邸、御白河法皇が同じく弟の教盛《のりもり》邸、高倉上皇が清盛の別荘に入っている。だが、随行の公家たちは宿所もなかったため大混乱を呈した。

形としては福原行幸であったものの、清盛はそのまま福原に遷都してしまうつもりだった。

福原遷都の理由としては、以仁王の挙兵により反平家の動きをみせた延暦寺・園城寺・興福寺など寺院勢力からの攻撃を避けたい思惑があった。勢力下の福原に天皇を迎え入れることで体制を整えようとはかる。

福原のすぐ近くには大輪田泊もあった。内陸部の京都から瀬戸内海沿岸の福原に朝廷を移すことで、平家の勢力下にあった西国との結び付きを強め、政治基盤を固めようという意図も透けてくる。

清盛は京都のような宮都を福原に造る準備に入った。皇居や太政官（八省）の役所の建設計画を立てただけでなく、日宋貿易の発展を見据えた大輪田泊の整備も並行して進める。かつての難波京のような港湾都市の機能を備える都を目指したのだろう。

しかし、福原遷都は難航する。地形上、山や谷そして海に遮られて平安京の四分の一程しか土地が確保できなかったからだ。そのため、摂津国の小屋野（現在の兵庫県伊丹市）や播磨《はりま》国の伊南野《いなの》（現兵庫県加古川市・明石市）も遷都候補地として浮上するが、水不足などを理由に断念する。

遷都が難航すると、京都への還都論が勢いを増すのは避けられなかった。清盛は窮地に追い込まれる。以仁王の令旨に応じた源氏の挙兵を封じ込められなかったことも還都論に勢いを与えた。

八月十七日夜、平治の乱で伊豆に配流された源頼朝が挙兵した。平家への反発を背景に南関東を席巻した頼朝に対し、清盛は孫の平維盛《これもり》を追討に向かわせたものの、十月二十日の富士川の戦いで敗退する。清盛の権威は失墜し、反平家勢力の動きが全国に拡大していった。

こうした情勢を受けて、清盛は還都論を抑え込めなくなる。公家たちはもちろん、平家内部で還都論が根強かったことも大きかった。

そもそも、京都にとどまって反平家勢力を討つべしという意見が内部では強かったにも拘わらず、身内の反対論を押し切って遷都を強行した裏事情があった。清盛の跡を継ぐことになる宗盛も還都を強く主張し、清盛と激論を交わしたほどだ。反平家勢力の一翼を担う延暦寺なども還都を主張した。

平家内部からの突き上げもあり、清盛は還都を呑まざるを得なくなる。十一月二十三日、安徳天皇以下は福原を立ち、二十六日に京都へ帰った。宮都の造営も中止となり、福原遷都は失敗に終わった。

失意の清盛は、翌五年（一一八一）閏二月四日に熱病のため死去する。源平の争乱のなか、福原京は幻の都となるのである。

中近世における兵庫津の発展

福原京は廃都となったものの、瀬戸内海航路の要港大輪田泊は兵庫津と名称を変えて発展を続ける。やがて平家は滅亡するが、兵庫津を経由する瀬戸内海ルートの日宋貿易はそのままだった。

鎌倉・室町時代に入っても、兵庫は中国や朝鮮、琉球の船が来航する国際貿易港として繁栄する。特に室町時代には、幕府が中国の明王朝と外交関係を持ったことも追い風となり、明船が頻繁に入港した。

商人船だけでなく、外交使節を載せた船も兵庫に入港している。日明貿易を開始した時の三代将軍足利義満などは兵庫にわざわざ下向し、使節を出迎えたこともあった。
入港したのは中国船や朝鮮船といった外国船だけではない。国内の船の方がはるかに入港していたのは言うまでもない。

兵庫津は京都から山城国山崎・摂津国西宮を経て播磨国方面に向かう山陽道が通過する港町であり、京都・西国間の往来や物資輸送では兵庫で海路と陸路を切り替えることが多かった。つまり、兵庫で荷物を積み下ろししたため、問丸《といまる》と呼ばれた業者が数多く軒を並べていた。問丸とは港で水上運送を仲介した業者のことで、荷物の保管、委託販売、旅宿の提供を業務とする商人である。

当時は港に関所が設けられるのが通例だった。関銭と呼ばれた入港税を徴収したが、船の出入りが特に多かった兵庫での関銭は巨額に上り、その徴収権は大きな利権となっていた。

兵庫には北関、南関の二つの関が置かれた。鎌倉時代より北関での関銭徴収権は東大寺、南関での関銭徴収権は興福寺に与えられ、関銭総額から港の修理費用を引いた残額を収入とすることが許された。両寺の財政を潤した利権であった。

東大寺が関銭徴収権を持つ北関については、『兵庫北関入船納帳《いりふねのうちょう》』という名の帳簿が残されている。室町時代中期にあたる文安《ぶんあん》二年（一四四五）一月から翌年一月までに兵庫に入港した船の船籍地、積荷、数量、船頭名、問丸名、関銭額、関銭納入日が記載された台帳だ。

この台帳によれば、一年間に入港した船はのべ一九六〇隻。船籍地の港は瀬戸内海沿岸の諸国から豊前・土佐国までの十四か国百港以上に及んだ。積荷は米・麦・豆などの穀類や塩、各地の特産物などであった。兵庫には問丸が三十五人以上、廻船業者が百二十人ほどいたこともわかっている。

兵庫津の繁栄は江戸時代に入っても続く。泰平の世に入って経済活動が活発化したことで、入港する船の数も増加したからである。

西国のほか、上方と北国を行き来する船舶（北前船《きたまえぶね》）の寄港地にもなる。北前船の船主として財をなした北風荘《そう》右《え》衛門《もん》は、兵庫の豪商だった。

江戸初期より兵庫は尼崎藩領であったが、明和《めいわ》六年（一七六九）に西宮などとともに幕府領に組み入れられる。裕福な商人が集住する兵庫や西宮を直轄地とすることで、財政基盤を強化したい狙いが秘められていた。

兵庫開港が神戸開港に変身する

幕末に入ると、欧米列強の外圧を受けて自由貿易が開始される。安政五年（一八五八）六月十九日に日米通商条約が締結されたのを皮切りに、オランダ・イギリス・ロシア・フランスとの間でも通商条約が結ばれた（安政の五か国条約）。

通商条約の締結を受け、幕府は五か国に開港場の設置を約す。神奈川、長崎、箱館、兵庫、新潟の五港だが、同時に開港するのではなかった。神奈川など三港が翌六年（一八五九）六月に開港。新潟はさらに翌七年（一八六〇）一月、兵庫は文久《ぶんきゅう》三年（一八六三）一月の開港予定だった。

ところが、神奈川湊と兵庫津の開港は難航する。

折しも外国を排撃する攘夷運動が各地で広がりをみせ、攘夷の志士による外国人襲撃の危険性も高まっていた。神奈川湊などは江戸に近い上に、東海道沿いの宿場（神奈川宿）という交通の便の良さが仇となる。神奈川に開港場を置くことは攘夷の志士に外国人襲撃の機会をわざわざ与えるようなものであった。

よって、神奈川に隣接する横浜村を神奈川と称し、開港場の建設を開始する。横浜村は東海道から数キロも離れた寒村であり諸外国は猛反発するが、幕府は横浜開港を強行する。条約が遵守されなかったわけだが、兵庫津でも同様の展開がみられた。

兵庫開港は京都に近いこともあり、攘夷論の強い朝廷が強硬に反対していた。当時は幕府の権威が失墜したため朝廷の許可（勅許）なしには開港できず、ようやく兵庫開港は慶応三年（一八六七）五月に勅許が下りる。開港予定は十二月の予定だった。

開港場には外国人が住む居留地を設けることになっていた。しかし兵庫津ではその場所を充分に確保できなかったため、東隣の神戸村に居留地が造成される。畑が多かったため造成しやすかった事情もあるが、神奈川湊から横浜村に開港場を変更した時と同じく、兵庫津では外国人が襲撃されるリスクも念頭にあっただろう。山陽道沿いにある交通の便の良さが仇となる。

神戸村には居留地のほか開港場まで置かれることになった。その理由として神戸海軍操練所の存在は外せない。

幕府は軍艦奉行の勝海舟の願いを容れる形で、元治元年（一八六四）に海軍士官を養成する操練所を神戸村に設置した。海舟の失脚などを背景に操練所は翌年に閉鎖されるも、この時点では関係施設や船入場が残されていた。開港場の設定において、操練所の遺産が神戸村にプラスに働いたことは容易に想像できる。

こうして、兵庫開港は神戸開港となった。近代に入って、神戸港は日本有数の貿易港として発展を遂げるが、大輪田泊、兵庫津という古代以来の長い前史を受け継ぐ形で誕生した港町だったのである。

広島

干拓で中国地方最大の都市となる

広島の地名の由来

中国地方最大の都市広島の歴史は、戦国時代の終わりに毛利元就の孫輝元が城と城下町を造成したことにはじまる。この辺りは瀬戸内海に面するデルタ地帯だったが、主に江戸時代に大規模な干拓工事が繰り返されたことで、大都市に発展する基盤が整備された。

つまり、江戸時代に急成長を遂げて中国地方最大の城下町へと発展し、現在に至るのである。

広島の名称は戦国時代に入ってから登場するが、その由来については二つの説が有力視されている。一つは毛利氏の祖先大江《おおえ》広元《ひろもと》の「広」の字と、この地の豪族で広島築城に関与した福島元長《もとなが》の「島」の字を合わせた説。

もう一つは今も広島市内を流れる太田川の河口のデルタ地帯にあった広い島に城が築かれたため、広島と名付けられたという説だが、広島の成り立ちを端的に示す後者の説の方が信憑性でまさっているだろう。まさしく、広島は島から生まれた都市だった。

戦国時代を発祥とする広島が江戸時代に入って急成長を遂げた背景を考える。

戦国大名毛利元就の登場

戦国時代、安芸《あき》国は周防国の戦国大名大内氏と出雲国の戦国大名尼子《あまこ》氏の二大勢力に挟まれ、一国を支配する規模の戦国大名が登場しにくい状況だった。そんな小領主が分立するなか台頭してきた人物こそ、戦国大名の代表格として知られる毛利元就その人である。

広島城を居城とする前、毛利氏は同じ安芸の吉田《よしだ》郡山《ごおりやま》城（現在の広島県安芸高田市）を長らく居城としていた。安芸吉田荘の地頭職を鎌倉幕府から与えられたことが居城を置いたきっかけだった。

鎌倉幕府を率いる歴代の将軍は各地の武士と主従関係を取り結んで、御家人とした。将軍は御家人の所領を安堵（「本領安堵」）するのみならず、功績を挙げれば新たに土地を与えた（「新恩給与」）。あるいは守護職や地頭職に任命した。守護は各国単位で、地頭は荘園など土地単位で警察・司法権を行使する者である。所領が安堵・給付されたり、守護・地頭に任命されることを将軍からの御恩と称した。

一方、御家人は将軍（幕府）の命により軍役として戦場に赴いた。あるいは鎌倉や京都の警備役（鎌倉番役・京都大番役）を勤めた。これを将軍への奉公と称した。

歴史教科書には必ず記述がある「御恩と奉公」の関係だが、この持ちつ持たれつの関係が鎌倉幕府を支える。一方、御家人は守護職や地頭職に任命されたことをきっかけに当該国や荘園への支配を強めるのが定番だった。領主化したのであり、毛利氏もその一人だ。

毛利氏が地頭職を得た吉田荘に郡山城を築いたのは、次の南北朝時代初期である。名前のとおり山城で、標高約四百メートルの郡山に築かれた。当初は郡山の尾根の一つに築かれたが、元就の代に城郭は郡山全体に拡大される。

　もともと毛利氏は安芸の領主の一人に過ぎなかったが、元就一代で郡山城を拠点に版図を一挙に拡大させる。安芸平定のため内陸部から瀬戸内海沿岸に進出するが、そこで目を付けたのが瀬戸内海に流れ込む太田川の河口だった。当時は佐東《さとう》郡五箇《ごか》村と呼ばれた地域である。

　この地域は、太田川に加えて西国街道（山陽道）も走っており、安芸だけでなく中国地方の水陸交通の要衝であった。太田川の河口に城を築くことで、安芸はもちろん、中国地方の支配も可能となるだろう。

　版図を拡大させるにつれ、そんな目論見を持つようになった元就は布石を打ちはじめる。太田川河口に広がるデルタ地帯の干拓を推進したが、その遺志を現実のものにしたのが孫の輝元だったのである。

山城から平城への流れ

　やがて、元就は安芸を平定し、名実ともに安芸一国を支配する戦国大名となる。その後、近隣の国々への侵攻を開始した。大内氏や尼子氏の領国も掌中に収め、中国地方の過半を手に入れる。さらに、海を渡って四国や九州にも攻め込み、毛利氏の名前を西国に轟かせた。

元就亡き後の毛利氏は当主の輝元が叔父の吉川元春《きつかわもとはる》と小早川隆景《たかかげ》の補佐を受けたが、やがて畿内を掌握して版図を急拡大させた織田信長と激しく対立する。信長との戦いは苦戦を強いられたが、天正十年（一五八二）の本能寺の変で信長が横死すると、対応を一変させる。

その後継者で天下統一を進める豊臣秀吉に一転臣従した。その天下取りを支えることで、広大な領国の維持をはかる。

秀吉の命を受けて、天正十三年（一五八五）の四国征伐、同十五年（一五八七）の九州征伐に毛利氏は従軍し、長宗我部《ちようそかべ》氏の降伏と四国平定、そして島津氏の降伏と九州平定に大きく貢献した。天下統一に邁進する秀吉にとり、残るは関東・東北の平定だけとなる。

四国や九州に出兵するかたわら、領内では居城郡山城と城下町の整備拡大を進めた毛利氏だが、翌十六年（一五八八）にその方針を転換する。郡山城に代わる新たな居城の築城を決めた。

この年の七月、輝元は郡山城を出立して上洛の途に就くが、秀吉には居城の大坂城のほか、京都にも聚楽第《じゅらくだい》と呼ばれた巨大な邸宅があった。朝廷から国政の代行職である関白に任命されたことで、京都にも邸宅が必要となったからである。

秀吉には大坂城や聚楽第で輝元を謁見しようという目論見があった。毛利氏が臣従したことを目に見える形で天下に示すためだが、輝元からするとあまり気乗りのしない上洛だったろう。上洛準備のため、郡山城の整備が遅れてしまうと嘆いている。

だが、上方に赴いて壮大な大坂城や聚楽第を目の当たりにした輝元は大きな衝撃を受ける。

戦国時代は、山の地形を利用して造られた堅固な山城が主流だった。郡山城もその一例だが、秀吉による天下統一は目前で、もはや戦国時代は終わりが見えていた。戦争自体が減少傾向に入り、山城は時代遅れのものになりつつあった。

戦国時代の終焉を見据えた、平和と安定の時代に合った城郭が必要とされており、水陸交通の便が良い場所に堀と石垣に囲まれた城郭を築くのがトレンドだった。山城から、平地に築かれる平城に移行した時代に入っていた。城の周りに家臣や町人が集住する城下町を配置し、城と城下町が一帯となって領国の政治・経済の中心となることが求められた。

秀吉がその名にかけて築いた大坂城などは典型的な平城で、城下町も含めて天下人のお膝元にふさわしい巨大な規模を誇った。聚楽第も名称は城ではないが、堀と石垣を備えた平城であった。

毛利氏にしても、山城が時代遅れのものになっていることは痛感していた。交通の便の悪さへの懸念から、吉田城から広島湾岸に出る道の整備が既に進行中だった。しかし大坂城や聚楽第を目の当たりにすることで、中国地方の過半を領国とする大名にふさわしい居城、それも平城の築城を輝元は決断する。

その場所こそ、元就の時代より干拓が進められた太田川河口のデルタ地帯であった。

島普請と呼ばれた築城工事

帰国した輝元は、この地の事情に明るい福島元長の案内でデルタ地帯周辺の山々に登り、地勢を見分している。その結果、デルタ地帯のなかで箱島と呼ばれた三角州への築城を決める。

翌十七年（一五八九）より工事は開始されるが、低湿地な上に地盤が軟弱であり、難工事となるのは避けられなかった。太田川のほか、分流である京橋川や元安川が周囲を流れ、その近くには同じく太田川分流の天満川や猿喉《えんこう》川も流れていた。周囲に複数の河川が流れており、大雨が降れば築地予定地が洪水に遭う危険性は非常に高かった。

よって、島のような三角州の周りに堤防を造る工事からはじめる必要があった。その上で地盤を固める処置を施したため、一連の工事は「島普請」と呼ばれた。島普請が完了した後に、城郭が造られた。

並行して、築城に必要な材木などを運ぶ水路も開削される。既存の河川の整備も洪水対策を兼ねて進められた。完成後は、広島城の外堀としての役割を果たすことも期待された。

難工事の末、本丸などの主要な部分が出来あがったのは二年後の同十九年（一五九一）である。この年、輝元は広島に入城し、以後居城とした。

ただし、石垣や堀は未完成で、普請は継続中だった。石垣が完成したのは文禄二年（一五九三）で、堀も完成したのは慶長四年（一五九九）である。既に十年余の歳月が過ぎていた。

輝元は広島城に入ると、家臣たちに広島への居住を命じた。城郭の周囲には侍屋敷が立ち並んでいったが、合わせて城下には商工業に従事する商人や職人などの町人も住みはじめる。

こうして、西国有数の都市として繁栄することになる広島の城下町が誕生した。その造成に際しては、京都や大坂の町割りをモデルとしている。

広島築城に長い年月と莫大な費用を投じた毛利氏だが、皮肉にも完成した翌年には手放さざるを得なくなる。

秀吉の晩年、輝元は徳川家康を筆頭とする五大老の一人に任命される。豊臣政権の重鎮となったが、慶長三年（一五九八）に秀吉が死去すると、家康と対立する。

同五年（一六〇〇）七月、秀吉の側近だった石田三成が家康打倒を掲げて挙兵すると、その誘いに応じて西軍の総大将の座に就いた。東軍総大将の家康と対峙するが、関ヶ原の戦いで三成が敗れると、輝元は窮地に陥る。

その結果、周防・長門《ながと》二か国以外の領国を取り上げられる。石高で言うと百二十万石から三十万石への大減封だった。

これにより、築城したばかりの広島城も失う。

福島正則を改易に追い込んだ太田川の氾濫

毛利氏の旧領には東軍に属して関ヶ原の戦いで奮戦した大名たちが加増の上で封ぜられたが、安芸・備後《びんご》両国は秀吉子飼いの大名である福島正則に与えられた。その石高は四十九万八千石で、完成したばかりの広島城を居城としている。

広島城に入った正則は複数の河川に囲まれている立地環境を踏まえ、城と城下町を洪水から守るための対策に力を入れる。石垣の普請に加え、広島城の外周部を流れる河川の堤防を高くした。

城下町については、その大半を占めた侍屋敷の区画を縮小し、商業に従事する町人の居住区域を拡大している。百二十万石のお膝元から約五十万石のお膝元になり、城下に住む家臣の数が大幅に減ったことを受けての対応だが、それだけではない。

従来、西国街道は城の北側を走っていた。城下町を直接通過していなかったが、正則はその東西を貫通するルートに変更する。交通の便を良くすることで城下の賑わいを増したい狙いがあった。

つまり、このルート変更の効果が出るように、合わせ技の形で町人の居住区域を拡大する町割りを行ったのである。商業に従事する町人の人口が増えることで、そのぶん城下の商業が活性化されるだろうという目論見だった。

こうして広島が繁栄する基盤が整備されていが、洪水対策の方は思惑通りにはいかなかった。

元和三年（一六一七）の大洪水により太田川が氾濫し、本丸・二の丸・三の丸、石垣などが破損した。翌四年（一六一八）、正則は破損箇所を普請したが、これが仇となる。

豊臣家滅亡直後の元和元年（一六一五）に公布された武家諸法度で、諸大名が幕府の許可なく城を普請することは厳禁されたが、正則はその届け出を怠る。幕府からの咎《とが》めは免れなかったが、秀吉子飼いの大名たる正則に向けられた幕府の視線にはもともと厳しいものがあった。

同五年（一六一九）四月、幕府は正則を改易に処そうとするが、修復した石垣や櫓の破却といった条件を付けた上で、いったんは不問に付す。ところが、正則はその条件を守らず、破却しないまま日を過ごしたため、幕府は断固たる処置に踏み切る。

同年六月、当時江戸にいた正則は所領を召し上げられ、津軽への転封が通告される。事実上の改易処分だった。国元にいた家臣たちは広島城の明け渡しに抵抗するが、幕府は中国・四国の諸大名に対して広島城受け取りのための出陣を命じる。広島に向かった軍勢は総勢十万人にも達した。

このままでは合戦は避けられなかったが、江戸で身動きが取れなかった正則の命により家臣たちは開城を受諾する。広島城は無血開城となった。

浅野氏の入封と広島城下町の繁栄

福島氏の改易を受けて、その旧領の大半と広島城を与えられたのは紀伊国和歌山藩主の浅野長晟《ながあきら》である。石高は四十二万石余で、五万石ほど加増されての転封だった。以後、明治維新まで浅野氏が広島城を居城とした。

浅野氏も毛利氏や福島氏と同じく、城と城下町を洪水から守るための対策に力を入れる。堤防の修築、強化、河川の直線化といった治水対策を繰り返し行った。

治水対策と並行して、干拓にも力が入れられる。浅野氏の時代に城下町は大いに拡大して人口も増えたが、最大の要因は干拓であった。

広島築城時は瀬戸内海に向けて干潟がまだまだ広がっていたが、そのほとんどが江戸時代に干拓されて陸地となり、島だった場所も次々と陸続きになった。新開地つまりは城下町の拡大を受けて、広島に流入する人口も増加の一途をたどる。

人口流入のきっかけとなった干拓を後押ししたのは、広島が中国地方の水陸交通の要衝だったことに尽きる。経済の発展を見越して干拓が推進されたことで人口増加に拍車がかかり、その結果、経済の活性化が加速したのである。

水運を中心とした国内流通網の整備も、広島の経済発展に追い風となる。特に寛文《かんぶん》十二年（一六七二）には西廻り航路が開設されたことで、瀬戸内海を経由した大坂や九州からの物資に加え、東北や北陸など日本海側からの物資も下関経由で入ってきた。いわゆる北前船である。

広島は西国有数の賑わいをみせる城下町に発展していく。江戸時代後期には人口が七万人前後にも達し、三都、名古屋、金沢に次ぐ大都市となった。

戦国時代が終わろうとする頃、広島は干拓により瀬戸内海沿いに誕生した。江戸時代に急成長を遂げて中国地方最大の城下町に発展するが、水陸交通の要衝であったことが最大の決め手となる。陸路では西国街道が城下を東西に走り、水路では太田川そして何よりも瀬戸内海が果たした役割が大きかったのである。

山口

小京都から明治維新源流の地となる

山口の二つの顔

山口は二つの顔を持った都市である。

戦国時代には、北九州にも版図を広げて最盛期を迎えた大内氏が京都から多くの文化人を受け入れたことで、「大内文化」と俗称される文化が花開いた。本拠地の山口は「西の京」と称され、小京都のシンボルのような都市に成長する。

ところが、関ヶ原の戦いにより周防・長門二カ国に減封となった毛利氏（長州藩）が長門国の萩に居城を築いたため、山口は歴史の表舞台からいったん消えた格好となる。その状態は二百年以上続いた。

幕末に入ると、状況が一変する。尊王攘夷を旗印に国政に進出した長州藩が本拠地を山口に移したことで、表舞台に再び登場してくる。薩摩藩とともに討幕運動を主導して明治維新を実現したため、山口は維新源流の地としてその名が歴史に刻まれることになった。

二つの動乱の時代にまったく別の顔として登場した山口の歴史を、京都という共通のキーワードで読み解く。

大内氏の台頭

本州の西端に位置する山口県は、明治に入って周防・長門両国が合併して生まれた県だが、関門海峡を挟んで九州と相対する地理的条件にあった。朝鮮半島や中国大陸に近いことから、有史以来九州北部とともに、朝鮮や中国の文化の窓口としての役割を果たしてきた。

室町時代から戦国時代にかけ、山口を本拠地として勢威をふるった大内氏は朝鮮半島にルーツがある。祖先は百済《くだら》の琳聖太子《りんしょうたいし》で、第三十三代推古天皇の時代に周防国の多々良《たたら》浜に上陸して多々良姓を名乗った。後に大内氏を称する。

朝鮮半島から渡来した大内氏が歴史に登場するのは平安末期である。現在の山口県防府市に置かれた周防国の国府に仕え、在庁官人を務めた。

在庁官人とは中央から国府に派遣された国司（守《かみ》・介《すけ》・掾《じょう》・目《さかん》）の下で事務を執る役人のことで、現地の有力者が採用された。国司側としては現地の状況を熟知する有力者を取り込むことにより、地方行政を円滑に進めたい思惑があった。かたや有力者側は在庁官人に採用されることで、国府の権威を後ろ楯に実力を蓄積できるメリットがあった。大内氏もその一人である。

平安末期は源平両氏が覇権を争う戦乱の時代だが、大内氏は源氏を率いる源頼朝に加勢し、その勝利に貢献する。頼朝が鎌倉幕府を開くと、御家人として仕えた。中国の元王朝が日本に来襲した元寇《げんこう》では北九州に出陣し、奮戦する。

鎌倉幕府が滅ぶと後醍醐天皇による建武の新政がはじまるが、その期間は短い。幕府を滅ぼした立役者である足利尊氏が天皇に反旗を翻し、南北朝の時代へと突入したからだ。

全国の武士は北朝方と南朝方の二つに割れた。

大内氏は室町幕府を開くことになる北朝方の尊氏のもとに馳せ参じ、周防の守護に任命される。その後、大内弘世《ひろよ》の代には長門と石見《いわみ》の守護にも任命され、中国地方屈指の守護大名となった。

弘世の時に、大内氏は山口を本拠と定め、京都をモデルとした街づくりを開始した。上京した際に京都の文化や情緒に感銘を受けた弘世は山口市内を今も流れる一の坂川を鴨川に見立て、山口の街づくりを進める。中央に大内氏の館を置き、街は縦横に区画して街路名を大路あるいは小路と名付けた。

ここに、山口が「西の京」と称される歴史がはじまる。

次の義弘《よしひろ》の代には三代将軍義満の信任を得て、大内氏は豊前《ぶぜん》、和泉《いずみ》、紀伊国の守護職も与えられた。六か国の守護を兼ねる有力守護大名へと成長する。

しかし、大内氏の強大化を危険視した義満は抑え込みをはかったため、両者の関係は悪化する。応永六年（一三九九）、これに反発した義弘は和泉国の堺で挙兵したが、義満に敗れて討死する（応永の乱）。

大内氏は和泉、紀伊国の守護を取り上げられるが、周防・長門・石見・豊前の守護職は維持した。領国支配の強化に専念し、巻き返しの時期を待った。

花開く大内文化

応仁元年（一四六七）に、戦国時代の幕開けを告げる応仁・文明の乱が京都で起きる。時の将軍は八代将軍の義政で、守護大名は東軍と西軍の二つに分かれて戦った。大内氏を率いる当主政弘《まさひろ》は西軍に属したが、十年余にわたる応仁・文明の乱は京都を荒廃させる。よって、有力な大名を頼って地方に下向する公家は多かった。禅僧や文化人も文化の伝導者として下向してきたが、受け入れ先となった大名の代表格こそ大内氏である。もともと、守護大名は在京を義務付けられており、京都の文化には日常的に触れる機会に恵まれていた。総じて京都への憧れの念が強く、京文化の導入には積極的だった。とりわけ大内氏は熱心だった。

京都をモデルとした山口の街づくりは早くからはじまっていたが、応仁・文明の乱の前から、大内氏の館の隣には「築山館」と呼ばれる迎賓《げいひん》館が置かれた。京都からの貴人たちをもてなす施設であり、公家を受け入れる環境は既に整っていた。

応仁・文明の乱は幕府の権威を失墜させるが、幕府を主宰する将軍の権威も同様であった。ついには、有力大名の意向次第で将軍が廃立される事態が起きる。

明応二年（一四九三）四月、義政の甥にあたる十代将軍の義材《よしき》が管領細川政元のため将軍の座から引きずり降ろされた。いわゆる明応の政変である。その後、義材の従兄弟にあたる義澄《よしずみ》が十一代将軍に擁立されたが、これで話は終わらなかった。京都を追われた前将軍の義材は再起を期して各所を流浪するが、政弘の子義興《よしおき》の助力が得られたことで悲願が現実のものとなる。

一方、義材を擁して上京することを決めた義興には、義澄を将軍の座から引きずり降ろせばライバルの細川氏にダメージを与えられ、日明貿易で主導権が握れるという読みがあった。当時、幕府は明王朝との間で勘合貿易を行ったが、大内氏と細川氏はその主導権をめぐりライバル関係だった。大内氏は中国大陸や朝鮮半島に近い地の利を活かし、明や朝鮮との貿易に参入していた。

一時応永の乱で勢力が衰えた大内氏だが、戦国時代に入ると版図が拡大する。九州では北九州一帯に出兵して大友氏と戦い、中国地方では出雲に出兵して尼子氏と戦うが、その裏付けとなったのが明や朝鮮との貿易により得た富なのである。

永正《えいしょう》五年（一五〇八）、義材を擁した義興は大兵を率いて入京し、義材を将軍に復職させる。義興は「管領代」として幕政に携わることになった。

一方、京都を追われた義澄は細川氏をバックに、将軍への返り咲きを画策し続ける。そのため、義興は帰国できなくなり、同十五年（一五一八）まで在京を余儀なくされた。

十年余にわたる在京期間中、義興は公家や禅僧、文化人との交流を深め、学問や文芸に傾倒していく。和歌の素養もあり、公家たちと和歌を贈り合ったほどだった。

応仁・文明の乱で長く在京した父の政弘もその機会を活かす形で、当代最高の知識人である三条西実隆《さんじょうにしさねたか》たち公家との交流を深めた。古典の写本を多数収集するなど、文芸活動にも熱心であった。帰国すると、連歌師として知られる宗祇《そうぎ》を築山館に招き、連歌会を興行させている。

ただし、大内氏は京文化だけに関心を寄せたのではない。中国や朝鮮の文化も受け入れた。西洋文化にも寛容だったのは、キリスト教の宣教師ザビエルに布教の許可を与えたことからも明らかである。

京都文化への憧憬《どうけい》と外国文化の受容が、山口で花開いた大内文化の特色といわれる。

大内氏の滅亡と毛利氏の台頭

義興の跡を継いだ子の義隆《よしたか》の代になると、大内氏そして大内文化は最盛期を迎える。享禄《きょうろく》元年（一五二八）に家督を継いだ義隆は版図の維持拡大に力を入れる一方で、公家などの文化人を保護するだけでなく、師と仰いで文雅の生活にふけった。政弘や義興にも増して好学の志が強かった。

京都の文化人を歓迎する大内氏のスタンスは義隆の代に至って極まり、山口は西の京と呼ばれるにふさわしい繁栄ぶりをみせる。公家たちを保護して朝廷との関係を強化することにより、さらなる飛躍を目指した大内氏の狙いも読み取れるだろう。

しかし、弱肉強食の戦国時代でありながら、文雅の生活に浸る主君の義隆に反発する家臣は少なくなかった。そんな体たらくで戦国の世を生き抜けるのかというわけだ。家臣団には不満が蓄積されていく。

天文二十年（一五五一）、ついに重臣の陶隆房《すえたかふさ》（後の晴賢《はるかた》）は謀叛を企て、山口の大内館を急襲した。義隆は逃れるも追い詰められ、自害して果てる。まさに下剋上であった。子の義尊《よしたか》も殺されたため、大内氏の嫡流は絶える。

晴賢は豊後の戦国大名大友宗麟《そうりん》の弟晴英《はるひで》（後の義長《よしなが》）を迎え、大内氏を継がせた。義長は義隆の甥でもあったが、当時安芸国の戦国大名として台頭してきた毛利元就が晴賢に反旗を翻す。

弘治《こうじ》元年（一五五五）、元就は厳島《いつくしま》の戦いに勝利して晴賢を自害に追い込み、その勢いで周防国へ侵攻した。同三年（一五五七）には義長も自害させ、大内氏の領国周防と長門両国を手に入れる。山口も毛利氏の手に入った。

ここに大内氏は滅亡し、中国地方の覇権は毛利氏が握る。

元就は大内氏と同じく北九州一帯に出兵して大友氏と戦う一方、中国地方では出雲に出兵して尼子氏と戦った。版図を大内氏以上に拡大させるが、その裏付けとなったのも貿易により得た富だった。

元就は周防など大内氏の旧領国の支配に際しては、その旧臣を取り立てている。いわば大内氏の遺産を活用し、領国支配の安定を目指した。孫の輝元の代には尼子氏も滅ぼし、中国地方の西半分を手に入れる。

長州藩の誕生

その後、毛利氏は織田信長の後継者として天下統一を進めた豊臣秀吉に臣従する。秀吉の天下取りを支えることで広大な領国の維持をはかったが、当時の石高は百二十万石にも達し、徳川家康の二百五十万石に次いだ。

天下統一後に秀吉が豊臣政権を樹立すると、輝元は五大老の一人として参画した。家康とともに政権を支える二大巨頭として君臨するが、慶長五年（一六〇〇）の関ヶ原の戦いでは天下人の座に就く家康に敵対する立場を取ったことで、窮地に陥る。居城の安芸広島城を取り上げられ、周防・長門三十万石に減封された。

これに伴い、広島城に代わる居城が必要となる。周防の山口、防府、長門の萩の三か所が候補地となったが、毛利氏が選んだのは萩だった。江戸開府の翌年にあたる同九年（一六〇四）より、萩への築城がはじまる。

以後、萩城を居城とする毛利氏は長州藩と呼ばれることになり、大内氏の本拠地だった山口は歴史の表舞台からいったん消える。長州藩は領内を十八の区画（「宰判《さいばん》」）に分けて各区画に代官所（「勘場」）を設けたが、山口は代官所が置かれた領国支配の拠点の一つにとどまる。

しかし、山口は山陽道の宿場として賑わった周防の小郡《おごおり》宿、瀬戸内海の三田尻湊、石見国の津和野城下、萩の城下町にそれぞれ向かう四つの主要街道が交差する交通の要衝であり、依然として重要都市だった。長州藩では「御茶屋」と呼ばれた藩主用の宿泊施設を山口に設けており、萩に危険が迫った場合は藩主を迎えることも想定していたのだろう。

この御茶屋こそ、幕末に萩から移転した藩庁つまり山口政事堂が置かれ、山口城が築城されることになる場所であった。

攘夷運動と山口移鎮

長州藩が幕末の政局の舞台に躍り出たのは、文久二年（一八六二）のことである。

幕末は外圧を受けて攘夷の嵐が吹き荒れた時代だが、長州藩は攘夷実行を旗印に国政進出を目指す。時の孝明《こうめい》天皇や公家たちで構成される朝廷が攘夷実行を強く望んでいたことに目を付け、その後ろ盾に収まることで政局の主導権を握ろうと目論んだ。

長州藩は京都に腕利きの藩士を送り込み、朝廷を主導する公家たちへの工作を展開する。そして、自家薬籠中《じかやくろうちゅう》の物とした。政治工作により朝廷を牛耳ることで、幕府に攘夷実行を迫った。

山口に象徴される大内氏の遺産を受け継いだ長州藩としては、京都から大勢の公家を迎えて京文化を移入したことで、西の京とまで呼ばれるようになった歴史を意識したはずである。朝廷との関係強化で飛躍した大内氏の方針を継承したと言えるだろう。

本来、長州藩は国政に参画できない外様大名だったが、朝廷を後ろ盾にすることで譜代大名により構成される幕府にプレッシャーをかける。折しも、差し迫る内憂外患《ないゆうがいかん》に有効な対応が取れなかったことで、幕府の権威は低下していた。長州藩に政局の主導権を握られる結果となる。

長州藩は攘夷の先駆けとなるため、欧米列強との戦争準備を急ピッチで進める。まずは海岸線に砲台を設置することで、軍艦による来襲に備えた。本拠地の移転計画も密かに進める。

翌三年（一八六三）四月十六日午前十時、藩主毛利敬親《たかちか》は萩城を出立し、午後五時に山口の御茶屋に到着する。日帰りの湯治という名目だったが、実際のところは山口に本拠地を移すための布石で、以後政事堂を置いて政務を執った。御茶屋を改造して政庁空間を建設したのであり、藩庁の移転に他ならなかった。

長州藩ではこれを「山口移鎮」と呼んだ。その目的は攘夷実行にあった。

日本海に面する萩では欧米列強からの攻撃をどうしても受けやすかったが、内陸部の山口ならばその懸念はない。山口は長州藩領（周防・長門）の中央部に位置し、その防衛の指揮を執るにも都合が良かった。

山口移鎮という名の藩庁移転にも、大内氏以来の歴史が意識されたことは容易に想像できる。山口に本拠を置いて版図を拡大させた歴史に倣おうとしたのかもしれない。

一方、幕府は朝廷からの強い要請に抗しきれず、翌五月十日を攘夷の期日にすると朝廷に約束する。朝廷への申し訳のため、そのポーズを示しただけだったが、本当に攘夷を実行した藩こそ長州藩である。

同日、長州藩は下関海峡を航行するアメリカ商船に砲撃を加えた。これは欧米列強との開戦を意味した。続けて二十三日にはフランスの軍艦、二十六日にはオランダの軍艦にも砲撃した。欧米列強から報復攻撃を受けるのは時間の問題だった。

臨戦態勢に入った長州藩は山口の軍事都市化を加速させる。山口城の築造に取りかかったが、翌元治元年（一八六四）の第一次長州征伐では幕府に降伏したため、一時頓挫する。山口城の破却に加え、藩庁を萩に戻すことも余儀なくされた。

しかし、慶応元年（一八六五）には長州藩の方針が幕府との戦争を辞さない姿勢に転換し、山口に藩庁が戻される。以後、長州藩は薩摩藩との提携により、討幕運動に邁進した。

再び長州藩の本拠地となった山口は薩摩藩との会合の場として歴史に登場する。維新三傑の西郷隆盛や大久保利通が山口を訪れ、同じく三傑の木戸孝允《たかよし》との会談に臨んだ。

討幕の密勅を受けて錦の御旗が製作されたのも、山口だった。同四年（一八六八）正月の鳥羽・伏見の戦いで錦の御旗が掲げられることで、維新への流れも決まった。

こうして、山口は維新源流の地として語り継がれる都市となったのである。

高知

卓越した治水技術が生んだ都市

坂本龍馬が生まれ育った城下町

高知の著名人といえば何といっても坂本龍馬が筆頭だろう。高知市には龍馬の生誕地近くに建てられた「龍馬の生まれたまち記念館」もある。龍馬ゆかりの史跡は記念館以外にも市内各所に残されており、訪れる人が絶えない。

明治維新は薩摩・長州藩が手を結んだ薩長連合により実現したイメージが今なお強いが、龍馬の出身である土佐藩も大きく貢献していた。土佐藩の表向きの石高（表高）は二十万石余だが、維新時の実際の石高（実高、内高）は約五十万石にも達した。雄藩としての実力は薩長両藩にさほど劣るものではなく、城下町の高知は雄藩の本拠地として繁栄した。

「薩長土」として維新回天を実現したことで、高知は土佐藩山内氏そして龍馬のイメージが強い都市となるが、山内氏が土佐の国主となったのは江戸時代に入ってからである。その前は戦国大名の長宗我部氏が国主だった。

長宗我部氏は土佐のみならず、四国全土を制覇する勢いをみせたこともあった。城下町高知を造り上げたのは山内氏だが、実現には至らなかったものの、長宗我部氏が高知に居城を築こうとしていた事実もある。

龍馬に象徴される四国有数の都市高知が歩んだ歴史を、長宗我部氏の時代にさかのぼって解き明かす。

長宗我部氏の台頭

戦国時代に入る前、土佐は室町幕府を支えた有力守護大名細川氏の領国だった。細川氏は幕府を率いる将軍足利氏の一族で、幕府の実権を握る管領に任命される家格を誇った。細川氏に限らず、各地の守護大名は地元の有力領主の力を借りる形で領国支配にあたった。細川氏による支配を支えた有力領主の一人が長宗我部氏だが、戦国時代に細川氏が凋落すると、土佐は群雄割拠の状況に陥る。

長宗我部氏は代々、長岡郡岡豊《おこう》（現高知県南国市）に居城を置いたが、転機となったのは国親《くにちか》の代である。永正十五年（一五一八）に家督を継いだ国親は近隣の領主天竺《てんじく》氏、山田氏などを滅ぼし、あるいは服属させて所領を拡大させた。

永禄三年（一五六〇）五月の本山氏との戦いでは、後に長宗我部氏の居城となる浦戸城（現高知市）を手に入れる。だが、翌六月に病死したため、長男の元親《もとちか》が家督を継いだ。戦国大名の代表格として挙げられることも多い長宗我部元親の登場である。

同十一年（一五六八）に元親は本山氏を服属させると、翌十二年（一五六九）には安芸氏を滅ぼし、土佐の過半を掌中に収めた。天正三年（一五七五）には四万十川（渡《わたり》川）の戦いで一条氏も破り、この年に土佐を平定することになる。

土佐の国主となった元親は隣国の阿波や伊予にも食指を伸ばす。

阿波は細川氏の家臣三好氏の領国だったが、畿内の平定を進める織田信長と激しく対立していた。そのため、元親は信長と提携することで三好氏を挟撃し、阿波のみならず讃岐の攻略を有利に進める。並行して、伊予の攻略も進めた。

一時、元親は四国全土を制覇する勢いを示したが、これに危機感を抱いたのが提携関係にあったはずの信長だった。土佐一国と阿波南半分の支配のみ認める方針を示したことで、両者の関係が悪化する。信長は長宗我部氏討伐を決意し、三男信孝《のぶたか》を将とする軍勢を四国に派遣することを決めた。

信長の命により編成された討伐軍は大坂に集結して渡海の準備を進めた。ところが、その最中の同十年（一五八二）六月二日に、信長は滞在中の京都の本能寺で生涯を終える。重臣明智光秀の襲撃を受けて自害したのである。

この本能寺の変により織田勢の渡海は中止となり、元親は辛くも危機を脱した。

豊臣秀吉による四国平定と居城の移転

運よく信長の討伐から逃れた元親は四国全土の平定を再び目指す。

阿波・讃岐・伊予では信長の討伐が目前に迫ったことで長宗我部氏の支配に抵抗する動きが激化しており、元親はその鎮圧をはかった。そして、同十三年（一五八五）春には四国の平定を成し遂げる。

その頃、信長の後継者として天下統一に邁進していたのが豊臣秀吉である。これに反発する信長の次男織田信雄や徳川家康は反秀吉包囲網を敷こうと、元親や四国にも近い紀伊の雑賀《さいか》衆や根来《ねごろ》衆に提携を求めてきた。家康や信雄の求めに応じた元親たちだったが、逆に窮地に追い込まれる結果となる。

同年三月、秀吉は紀伊に侵攻した。鉄砲を駆使して頑強に抵抗を続けていた雑賀衆や根来衆などを討ち、紀伊の平定を完了する。

六月からは長宗我部氏の討伐に着手した。当初は秀吉みずから四国に渡る予定だったが、直前に病気となったため、弟の秀長を総大将、甥の秀次を副将として四国に向わせている。

秀長と秀次率いる六万の軍勢は淡路島から阿波に、秀吉の参謀として名高い黒田官兵衛と蜂須賀《はちすか》正勝《まさかつ》は岡山城主宇喜多《うきた》秀家《ひでいえ》の軍勢とともに讃岐に攻め入った。その数は二万三千。秀吉の四国征伐には中国地方の過半を支配する毛利氏の軍勢も加わっており、伊予に攻め込んだ毛利勢を加えれば総勢十万を超える大軍だった。

渡海してきた秀吉軍は長宗我部氏を各地で圧倒し、八月には元親を降伏に追い込む。元親は土佐一国のみの領有を安堵され、四国制覇の夢は潰えた。四国平定により、秀吉は天下統一の実現にまた一歩前進する。

以後、元親は秀吉の天下統一事業に動員されていく。翌十四年（一五八六）は九州に出陣。十八年（一五九〇）には水軍を率いて関東での小田原攻めに加わった。この年、関東と東北を平定した秀吉は念願の天下統一を実現する。

土佐一国の支配のみ認められた元親は秀吉の命で九州や関東に出陣する一方、居城の移転を目指した。長宗我部氏の居城は岡豊山に築かれた岡豊城だが、手狭でもあった。

よって、浦戸湾に注ぐ複数の河川の結節点に位置した大高坂山《おおたかさかやま》（現在の高知市）への築城に着手する。この地は土佐における水陸交通の要衝であり、居城を置くには最適の場所と考えられていた。

同十六年（一五八八）には石垣造りの本丸、その周囲の城門が完成する。城下町の整備も進められたが、ネックとなったのが城の近くを流れる鏡川の存在だった。

鏡川は暴れ川として知られ、氾濫すると手が付けられなかった。元親は治水工事を進めたものの、結局のところ大高坂山への居城移転を断念してしまう。治水工事の難しさもさることながら、実際は秀吉の指示に従った結果であったとされる。

元親が改めて居城としたのは、浦戸湾の入り口に位置する浦戸城（現在の高知市）である。浦戸城は周囲を海に囲まれた要害の地で、紀貫之《きのつらゆき》の『土佐日記』にも登場する浦戸の湊を擁していた。上方との連絡や水軍の保有にも便利な場所であり、その点に目を付けた秀吉の指示を受けて居城を置くことになったようだ。

秀吉は九州を平定した頃から、早くも中国大陸への出兵準備を進めていた。天下統一が成った後は外征に打って出る計画を立てたが、それには水軍の充実が不可欠であった。実際は朝鮮出兵という形になるが、長宗我部氏の水軍は小田原攻めで活躍しており、秀吉も大いに期待するところだった。外征を見据え、浦戸城を居城とするよう長宗我部氏に命じたのである。

大高坂山への居城移転を断念した元親は浦戸城を大増築した上で、同十九年（一五九一）に居城としている。

しかし、長宗我部氏が浦戸城を居城としたのは十年にも満たなかった。

長宗我部氏の改易と山内氏の入部

浦戸城への居城移転の背景にもなった朝鮮出兵は文禄《ぶんろく》の役と慶長《けいちょう》の役の二度にわたったが、いずれも失敗に終わる。秀吉つまり豊臣政権の威信を大いに傷付けたが、当の秀吉は慶長三年（一五九八）八月に病死する。

以後、政権内では権力闘争が激化した。家康が抜け出す形で政局は展開するが、翌四年（一五九九）五月に長宗我部氏では元親が病死し、四男の盛親《もりちか》が後を継いだ。

秀吉死後の政局の混乱は、家康派と反家康派が合戦に及ぶことで決着が付く。同五年（一六〇〇）九月十五日、美濃の関ヶ原で徳川家康を盟主とする東軍と石田三成を謀主とする西軍が激突した。

盛親は西軍に属したものの、合戦当日は日和見《ひよりみ》の立場を取る。戦いが家康の勝利に終ると戦場を離脱して土佐へ帰国するが、家康からは改易の裁定が下ってしまう。代わって、東軍に属した遠江国掛川城主の山内一豊が土佐の新国主として入封《にゅうほう》する運びとなった。

山内氏が土佐に入る前に、家康の意を受けた側近の井《い》伊《い》直政《なおまさ》は家臣鈴木平兵衛を派遣して浦戸城の接収をはかる。盛親は城の明け渡しに応じたものの、「一領具足」と呼ばれた下級家臣は主家の改易と山内氏の入部に反発し、浦戸城に籠城した。いわゆる浦戸一揆の勃発である。

土佐の各地でも激しい戦いが行われたが、やがて一揆は鎮圧される。十二月五日、平兵衛は浦戸城を接収し、同十一日に一豊の弟康豊《やすとよ》へ引き渡した。

一豊が浦戸城に入ったのは、翌六年（一六〇一）一月八日のことである。長宗我部氏遺臣たちが起こした浦戸一揆を念頭に、臨戦態勢での入城だった。

一揆は鎮圧されたものの、依然として国内は動揺を続けた。

遺臣たちの間にはなお不穏な動きがみられた。農民たちにしても、土地を捨てて山林や他国へ逃亡する動きが収まらなかった。そのため、山内氏が国主となっても長宗我部氏時代と村に触れ出す法令に変更はないとして帰村を促したが、武力抵抗に転じそうな動きにを徹底的に抑え込む。

同年三月に、山内氏は土佐入部の祝賀として桂浜で相撲を興行したが、見物に来ていた長宗我部氏の遺臣七十三人を捕らえて磔《はりつけ》に処している。見せしめとすることで、威嚇《いかく》をかけたのである。

山内氏による高知城築城

浦戸城に入った一豊は居城の移転を決める。要害の地ではあるものの、浦戸の城下町は家臣団を住まわせるにはあまりに狭かったからだ。長宗我部氏が居城を築こうとしていた大高坂山に白羽の矢を立てる。

長宗我部氏は治水工事の難しさや秀吉の指示もあって、大高坂山城の築城を断念したが、山内氏が築城に成功して居城を移転できれば、新国主としての威信はおのずから高まる。その分、前国主の長宗我部氏の威信は弱まり、土佐の支配にプラスになるはずという読みがあったのだろう。

慶長六年九月より、一豊は築城に取り掛かる。だが、長宗我部氏を苦しめた鏡川などの治水は当然ながら難工事が予想された。

しかし、長宗我部氏が断念した鏡川の治水に成功すれば、統治者としての力量を誇示できる以上、何としても治水を成功させなければならなかった。一豊は築城つまり土木建築の名手とされた百々《どど》綱家《つないえ》を召し抱え、総奉行に任命する。

綱家は岐阜城主織田秀信の家老だったこともあり、輪中堤《わじゅうづつみ》の技術に通じていた。輪中堤とは、特定の区域を洪水から守るため、その周囲を取り囲むように造られた堤防のことで、木曾三川下流の濃尾平野に広がる輪中堤はその代表的なものであった。

関ヶ原合戦で西軍に属した織田氏は、長宗我部氏と同じく改易された。家老の綱家も浪人の身となったが、その才に注目した一豊が召し抱え、治水が成否を決める大高坂山城の築城を任せたのである。

同八年（一六〇三）には本丸と二の丸が完成し、一豊が入城する。鏡川と江の口川の両河川に挟まれた「河中」に築かれたことに因み、大高坂山の名は河中山《こうちやま》に改称された。だが、鏡川などの氾濫に城下町は依然として苦しめられる。そのため、一豊の跡を継いで土佐藩の第二代藩主の座に就いた忠義は「河中」の字を忌み嫌った。

同十五年（一六一〇）には三の丸が完成する。これにより城下町を含めた工事がほぼ完了すると、読みは同じであるものの、河中山は高智山《こうちやま》に改められた。ここに、高智（知）山城つまり高知城の名が歴史に登場する。

山内氏は長宗我部氏が実現できなかった高知城への居城移転を実現する。城郭や城下町が水害から完全に逃れられたわけではないが、台風などの想定外の事態を除き、百々綱家が伝えた高度な治水技術が高知城と城下町を水害から守った。それは土佐の国主としての山内家の威信を高め、城下町の繁栄を導くことになる。

城下町の区分と強固な身分制度

高知の城下町は、「郭中《かちゅう》」と郭外にあたる「下町」「上町」の二つのエリアに大別される。郭中は「上士」と称された山内氏の上・中級家臣団が城を囲むように集住したエリアである。下町と上町は郭中を東西で挟む格好で配置され、下町には城や家臣団に物資を供給する商人や職人などの町人が住んだ。上町は下級家臣団である郷士《ごうし》、徒士《かし》、足軽などの「下士」が居住したが、町人も住んでいた。

郭中の東側にあたる下町が先に造られたが、城下の発展を受けて西側にあたる上町も誕生する運びとなる。龍馬の生誕地は上町の方であった。

山内氏は土佐入部の際に浦戸一揆が没発したこともあり、長宗我部氏遺臣たちの取り扱いに細心の注意を払っていた。郷士として家臣団に取り立てることで不満の鎮静化をはかるとともに、あわせて家臣団の強化も狙ったのだが、同じ家臣団でも身分差をはっきり付けることは忘れなかった。

城下町の造成に際しては郭中と下町・上町の間に堀を設け、土堤も築いた。郭中に住む上士と、下町・上町に住む郷士などの下士や町人との身分差を目に見える形ではっきりとさせたわけだが、武士でも元からの山内氏の家臣と長宗我部氏遺臣は厳然と区別したことがわかる。暗黙のうちにプレッシャーをかけ続けた。

山内氏は長宗我部氏遺臣を抑え込むことで領主権力の強化を実現したが、その裏付けとなったのが高知城と城下町の造成でみせた一連の治水政策だった。その高度な治水技術は城と城下町を守って繁栄をもたらしただけでなく、農業生産力のアップにも大きく貢献した。土佐の国主にふさわしい力量を持っていることが示されたのだ。

新田開発の進展は治水が決め手だった。明治維新時には実高が表高の倍以上になったことが示すように、治水が土佐藩を雄藩へ成長させる大きな要因となったことは想像するにたやすい。

その成果に裏打ちされた領主権力の強化を背景に、土佐藩は明治維新の主役に躍り出る。

城下町高知はそんな歴史を見続けてきたのである。

博多

古代より日本の玄関口だった貿易都市

博多と福岡の違い

博多と福岡は混同されやすい地名である。行政単位としては区名（福岡市博多区）にとどまった博多に対し、県名や市名に採用された福岡の方がメジャーだが、駅名は博多の方が採用されたため混同されやすいのだろう。

歴史的には、博多と福岡はまったくの別物だった。早くも奈良時代に博多は登場するが、福岡は江戸時代の初めに生まれた地名だ。福岡市内を流れる那《な》珂《か》川を境に、東側が博多で西側が福岡となる。博多は商人の町で、福岡は武士が集住する城下町という違いもあった。

現在では行政単位に象徴されるように、博多が福岡に呑みこまれた形だが、博多は商人の町、国際貿易港として日本の歴史に大きな足跡を残している。商業や貿易の舞台であっただけでなく、元寇では激しい合戦の舞台となった。

博多湾は広いだけでなく海深もあった。その上、前面には志賀島《しかのしま》や海の中道があったため、波や風が極力防げる天然の良港だった。

国際貿易都市の魁《さきがけ》である博多の歴史をたどることで、国際色豊かな都市文化が形作られた過程を解き明かす。

鴻臚館《こうろかん》貿易の衰退

九州は朝鮮半島や中国大陸にも近いことから、日本の玄関口として古くから海外との交流が盛んな地域であった。なかでも、博多湾には朝鮮や中国をはじめとする東アジアからの船が頻繁に来航した。

貿易船に加えて、外交使節を乗せた船も博多に来航している。朝鮮半島で日本と激しい戦いを繰り広げたこともある新羅《しらぎ》の使節も来航した。来航した外国船を迎えただけでなく、遣隋使や遣唐使など日本の外交使節が出航する港でもあった。

博多の近くには、来航した外交使節が滞在する施設が設けられた。現在の迎賓館に相当する鴻臚館である。九州には朝廷の出先機関たる大宰府が筑前国に置かれ、九州諸国と壱《い》岐《き》・対馬《つしま》を管轄したが、外交もその任務としていた。鴻臚館は大宰府の付属施設だったが、遣唐使など朝廷が派遣した使節も宿泊所として利用した。

寛平《かんぴょう》六年（八九四）に遣唐使の派遣が停止された後は、貿易の舞台となっている。中国から博多湾に来航した商人が鴻臚館に滞在して貿易を行ったのである。外交関係は途絶えても、いわば民間の経済交流は続いた。

しかし、自由に貿易出来たわけではない。大宰府が監督していたが、これを商人たちは嫌った。その監督下から離れるため鴻臚館以外の場所で貿易するようになる。こうして、平安中期にあたる十世紀には鴻臚館貿易は衰えてしまう。

代わって貿易が行われるようになったのが、博多湾のうち那珂川と御笠《みかさ》川の河口部に位置する筑前博多の町であった。

日宋貿易の拠点が禅文化の発信地となる

当時の中国は、唐王朝が滅んだ後に誕生した宋王朝の時代である。日本と宋の間に外交関係はなかったものの、貿易はたいへん盛んだった。宋（北宋）がいったん滅んで、南宋として復活した時代に入ってもそれは変わらなかった。

この日宋貿易により、来航した中国人が博多に大勢住むようになる。博多には「大唐《だいとう》街《がい》」と呼ばれた中国人街が生まれ、日本人との間に家庭を築いた者も多かった。あたかも中国の港町にいるかのような、国際色豊かな光景が展開する貿易都市に発展した。

博多には日本人の商人も住んでいたが、日宋貿易の中心は来航した中国の商人や大唐街に居住する商人たちであった。大唐街に住む貿易商は「博多綱首《こうしゅ》」と呼ばれ、船を所有して貿易に従事する者もいた。船団を組んで日本と中国大陸の間を行き来した。

唐物と称された輸入品は主に香料、陶磁器、書籍、銅銭である。日本からは水銀、硫黄《いおう》、砂金などが輸出されたが、唐物の人気は国内では高く、日宋貿易を通じて博多綱首は莫大な利益を得る。その利益に注目した平清盛などは勢力下にあった摂津国の大輪田泊への中国船（宋船）の入港を促し、平家主導の日宋貿易を目論んだほどだった。

　唐物を満載した中国船が博多に入港すると、国内航路を走る廻船に積み替えられて日本各地に運ばれたが、取引には貨幣が不可欠である。当時、日本では貨幣が鋳造されておらず、中国の銅銭（宋銭）を大量に輸入して代用していた。

　そのため、銅銭の需要は非常に高く、日宋貿易の主力輸入品となる。大量の銅銭をもたらした日宋貿易は日本の経済を下支えする役割を果たした。

日宋貿易は経済は言うに及ばず、文化にも大きな影響を与えたが、なかでも禅文化の普及は特筆される。

　かつては遣唐使の派遣を通じて中国の学問や文化、技術が導入された。大陸に渡って仏教を学び、新たな宗派を創設した僧侶もいた。天台宗を開いた最澄《さいちょう》や真言宗を開いた空海が代表格だが、宋王朝の時代に入ってもそれは続いた。臨済宗の祖とされる栄西《ようさい》はその一人である。

　平安末期に、栄西は二度にわたって宋に渡って禅を学び、帰国後に禅宗を広めた。建久六年（一一九五）には、日本最初の禅寺とされる聖福《しょうふく》寺を博多で創建している。日本の禅宗は博多からはじまった。

その後、鎌倉に下った栄西は幕府の保護を受けることになり、正治《しょうじ》二年（一二〇〇）に寿福寺、建仁《けんにん》二年（一二〇二）には京都で建仁寺を創建することができた。幕府の保護を受けた背景には、厳しい修行を求める禅宗のスタイルが武士の気風にあったことが指摘できよう。

博多での聖福寺の創建に際しては、博多綱首からの経済的なバックアップを受けた。その隣に建立された承天寺も同様である。

宋に渡り禅を学んだ円爾《えんに》が仁治《にんじ》二年（一二四一）に帰国すると、博多で博多綱首のもてなしを受け、説法を依頼された。翌三年（一二四二）には謝国明《しゃこくめい》ら綱首たちの出資で、禅寺の承天寺が建立される。聖福寺に続いて、宋の宗教文化が博多に目に見える形で直輸入された格好だった。

博多綱首が日中の懸け橋になる形で、禅文化のシンボルたる中国風（宋風）の寺院が博多で建立されたが、宋から伝来したのは禅だけではない。栄西が宋からもたらしたものとしては、何といっても茶が有名だろう。茶の種を取り寄せ、その栽培や喫茶の方法を伝えたことで、喫茶の習慣が国内に普及していく。栄西の『喫茶養生記』は茶の栽培法、飲み方、効能を説いた著作であった。
饂飩《うどん》、蕎麦《そば》、饅頭《まんじゅう》なども、禅とともに宋から伝来したものとして挙げられることが多い。

元の来襲

博多綱首たちが牽引する形で国際色豊かな都市文化が花開いた博多だが、その故郷の中国大陸では南宋が落日の時を迎えていた。遊牧民族国家のモンゴル帝国が版図を拡大しており、宋王朝が呑み込まれるのは時間の問題だった。

モンゴル帝国の創始者チンギス＝ハンの孫にあたるフビライは都を大都（現在の北京）に移し、国号を中国風に元と改める。南宋の征服を最大の目標としながら東アジア各地へ侵攻したが、海を越えた日本にも食指を伸ばす。

まずは朝貢を要求する使節を送ったが、執権の北条氏が実権を握る幕府はこれを無視したため、フビライは日本侵攻を決意する。文永《ぶんえい》の役と弘安《こうあん》の役の二度にわたる元寇のはじまりである。

文永十一年（一二七四）、元は徴発した高麗《こうらい》の軍勢とともに対馬・壱岐を襲った後、博多湾に上陸した。幕府の命により集結した武士たちはこれを迎え撃ったが、苦戦の連続となる。一騎討ちを得意とする日本の武士に対し、元は太鼓や銅鑼《どら》を打ち鳴らしながら、毒矢や火薬を込めた武器をもって集団で押し寄せる戦法を取ったからだ。

日本側は大宰府まで退くことを余儀なくされるが、元軍は内部対立などから引き上げてしまう。文永の役は自然消滅する形で終わった。

その後、南宋を滅ぼしたフビライは弘安四年（一二八一）に再び大軍を送ったが、今度は元軍が苦戦する。博多湾一帯に築かれた防御用の石塁で武士たちが防戦したため、上陸できなかった。その上、大暴風雨に襲われてしまい、大損害を受けて敗退する。

二度にわたる元の来襲を退けた幕府だったが、三度目の来襲も想定していた。よって、九州の武士を動員して博多湾での警固にあたらせる一方で、九州の出先機関として、鎮西《ちんぜい》探題を博多に新設する。北条一門を任命して、九州の支配強化をはかった。

だが、元弘三年（一三三三）に後醍醐天皇の討幕運動に呼応した九州の武士たちの襲撃を受け、鎮西探題は滅んだ。その際、博多も焼き討ちに遭っている。

勘合《かんごう》貿易の拠点となる

後醍醐天皇の討幕運動は成功して建武の新政がはじまるが、長続きしなかった。やがて、足利尊氏が京都に室町幕府を開く。

弘安の役の後も、九州の武士が博多湾の警備にあたるなど元との緊張関係は続いた。だが、緊張が和らぐと貿易が再び盛んになる。博多も貿易港としての活気を取り戻す。

室町幕府が基礎を固めつつあった十四世紀後半、東アジア地域では大きな変化が起きていた。中国では元に代わり漢民族の明王朝が誕生する。朝鮮半島では李成桂《りせいけい》が登場し、朝鮮を建国した。

一方、東アジアの海域では倭寇《わこう》と呼ばれた海賊集団が中国大陸や朝鮮半島沿岸各地を荒らしまわっていた。九州や瀬戸内海沿岸の土豪や商人の一部による略奪行為だったが、この倭寇撃退で名をあげ、いわゆる李氏朝鮮を建国した人物こそ李成桂である。

明王朝も倭寇の撃退には苦労しており、室町幕府にその取り締まりを求めたが、三代将軍足利義満はこれに目を付ける。鎮西探題が滅んだ後、九州には幕府の出先機関として九州探題が置かれたが、義満は明の求めに応じて倭寇の取り締まりを九州探題に命じる。

その上で倭寇取り締まりの成果を背景に、外交関係の樹立と国家間での貿易の開始を明に求めた。貿易による莫大な利益は幕府にとって魅力的であり、国家間以外の貿易は私貿易とすることで利益の独占をはかる。

こうして、勘合貿易という名の日明貿易がはじまる。私貿易ではないと明側が確認するため、明から交付された渡航許可証である「勘合」を合札として用いたことが呼び名の所以だ。主な輸入品は生糸、絹織物、銅銭で、日本からは銅、硫黄、刀剣などが輸出された。実際は私貿易も盛んに行われている。

当初、勘合貿易の船は摂津の兵庫から出港したが、博多からの出港が次第に増えていく。博多は勘合貿易や私貿易の舞台として繁栄を続けた。

その後、応仁・文明の乱も相俟《ま》って幕府の力が衰えると、勘合貿易をめぐって守護大名の大内氏と細川氏が主導権争いを繰り広げる。博多は周防国などを支配する大内氏の管轄下にあったが、細川氏は同じ貿易港の和泉国堺の商人たちと結び付いていた。博多と堺の覇権争いでもあった。

大永三年（一五二三）、双方は明の寧波《にんぽー》港で争乱（寧波の乱）を起こす。その結果、大内氏が勘合貿易を独占するが、弘治《こうじ》三年（一五五七）に毛利元就のため大内氏は滅亡してしまう。

勘合貿易は消滅したが、その後も博多を舞台とする明との貿易は続いた。引き続き私貿易という名の民間の経済交流が盛んであり、国際色豊かな都市文化も花開いた。

戦国の動乱に巻き込まれる

既に時代は戦国時代に入っていたが、博多は貿易で得た富をバックに領主の支配から独立した都市へと変貌を遂げる。商人の代表者が年行司《ねんぎょうじ》として町の運営にあたったが、博多のライバルの堺でも商人の代表者が会合衆《えごうしゅう》として町の運営にあたっている。その裏付けとなったのは同じく貿易で得た富だった。

しかし、博多にせよ堺にせよ、富のみで自治を維持することは難しかった。その上、貿易都市として繁栄したことで戦国大名による格好の争奪戦の対象となる。否応なく戦火にも巻き込まれた。

博多は周防の大内氏の管轄下にあったが、豊後国の戦国大名大友氏も進出したため、その支配をめぐり両者が睨み合う状態が続いた。大内氏滅亡後は大友氏の支配下に入るが、その頃肥前国の戦国大名龍造寺《りゅうぞうじ》氏と薩摩国の戦国大名島津氏が台頭し、九州の覇権を握ったかに見えた大友氏を脅かした。

天正八年（一五八〇）、龍造寺氏は大友氏の領国筑前国に侵攻し、博多を焼き討ちにした。その後博多は復興するが、同十四年（一五八六）に今度は島津氏が攻め込み、再び博多は焦土に帰す。

当時は島津氏が大友氏や龍造寺氏を駆逐し、九州の覇権を握ろうとしていた。大友氏は天下統一を進める豊臣秀吉に援軍を要請し、翌十五年（一五八七）三月、秀吉が十万余の大軍を率いて九州に向かった。

秀吉の前には、さしもの島津氏も歯が立たなかった。同年五月、秀吉は島津氏の降伏を許し、改めて薩摩・大隈そして日向国の一部を与えた。

九州を平定した秀吉は大坂城に凱旋《がいせん》する帰途、島津氏の侵攻によって壊滅的な打撃を受けた博多に立ち寄る。その復興に取りかかるためだったが、文禄元年（一五九二）に朝鮮出兵として現実のものとなる大陸への出兵の布石でもあった。

渡海する以上、出兵の拠点そして兵站《へいたん》基地としての港の確保は必須だが、秀吉はその役割を博多に担わせようと考えていた。莫大な軍資金も必要だったが、その負担も裕福な博多商人に期待したに違いない。

この時、博多の町は十町（約一・一キロメートル）四方と定められ、整然とした町割りが行われた。いわゆる太閤町割である。

復興した博多は秀吉の朝鮮出兵を陰で支えたが、慶長三年（一五九八）に秀吉が死去したのを機に日本軍が撤退すると、その役割は終わる。

貿易都市からの転身

九州平定後、秀吉は毛利一門の小早川隆景に筑前を与えた。隆景は博多湾岸に名島《なじま》城を築いて居城としたが、要害の地であったため防備には適したものの、その分城下町として発展するには限界があった。険しい地形が枷《かせ》となる。

秀吉死後の慶長五年（一六〇〇）に起きた関ヶ原の戦いの軍功により、徳川家康から筑前を与えられた黒田長政は、名島城近くの福崎丘陵に居城を築くことを決める。要害の地ゆえの限界をみたのだろう。

そして、黒田氏ゆかりの備前国福岡にちなんで福崎は福岡と改称される。翌六年（一六〇二）より築城工事ははじまった。

福岡の城下町からみると、那珂川を挟んだ対岸に位置したのが博多だった。城下町ではないものの、長政としては裕福な貿易商人が集住する博多に期待するところは大きかった。博多の富が城下の賑わいを増すことを望んだに違いない。

やがて幕府が鎖国体制を取ったことで、貿易港としての博多の歴史は一時終焉を迎える。鎖国下で唯一の貿易港となる長崎に国際色豊かな都市のポジションを譲るが、その後も国内航路を走る廻船が寄港する港町として繁栄した。

とりわけ江戸時代は水運の発展により経済が活性化された。博多もその一翼を担う港町だったのである。

長崎

西洋と東洋が融合した異国情緒の都市

オランダ人と中国人が住んでいた街

地勢上、九州は原始・古代の時代より日本の海外交流の窓口となっていた。海外の人々が来航する港が九州各所にあったが、長崎港が歴史に登場するのは戦国時代に入ってからである。

江戸時代には、幕府の鎖国政策により長崎は世界に向けて唯一開かれた貿易港となる。港内に造成された埋立地の出島にはオランダ人が住み、貿易業務に携わった。

そのため、長崎はオランダ文化が漂う街の印象が強い。確かにヨーロッパ諸国ではオランダのみが貿易が許されて来航したが、長崎に来航した外国人はオランダ人だけではない。「唐人《とうじん》」と呼ばれた中国の商人も長崎に多数来航し、長崎の郊外に造成された「唐人屋敷」に住んだ。

オランダ人のように居住地は限定されたものの、出島のように陸地から隔離されておらず、日本人との交流は盛んだった。長崎はオランダ文化に加えて中国文化も漂う都市となる。

鎖国政策により、長崎が西洋と東洋が融合した都市となっていく過程を追う。

南蛮貿易とキリスト教の布教

日本が戦国時代に突入した頃、世界は大航海時代に入っていく。

ヨーロッパ諸国はイスラム教徒のためアジアとの交通を長らく遮断されてきたが、迂回《うかい》する形でアジアへの新しい道を求めた。海路を開拓したわけだが、その先頭に立ったのがイスパニアとポルトガルであった。

　イスパニアは十五世紀末に大西洋を横断してアメリカ大陸に達した後、さらに太平洋を横断し、フィリピンのマニラを根拠地としてアジア貿易に乗り出す。ポルトガルはアフリカ大陸を回ってインドに達する航路を開き、中国のマカオを根拠地として明《みん》と貿易を行った。

　日本に最初に来航したのはポルトガルの方だが、そのきっかけとなったのが天文《てんぶん》十二年（一五四三）にポルトガル人を載せた一隻の中国船が九州の種子島《たねがしま》に流れ着いたことである。以後、ポルトガル人は貿易船を九州の諸港に入港させた。南蛮《なんばん》貿易が開始されたが、長崎港に入港するのはもう少し後のことだった。

　南蛮貿易では鉄砲・火薬のほかに中国産の生糸や絹織物が輸入される一方で、銀などが輸出されたが、種子島漂着の折に伝えられた鉄砲が戦法を変えたことはよく知られている。それまでの騎馬隊を主力とする戦法は、銃を持った歩兵隊（足軽）を中心とする戦法に切り替わった。

　ヨーロッパが日本に伝えたのは新兵器の鉄砲だけではない。キリスト教も伝えた。キリスト教のうち、海外での布教に熱心だったのはイエズス会であり、日本での布教活動をリードする。

ポルトガルの場合、貿易とキリスト教の布教はセットになっており、布教を認める大名領に貿易船が入港する仕組みだった。よって、貿易による利益を求めて布教を許可する大名は少なくなかった。

洗礼を受ける大名も登場する。大友宗麟《そうりん》たちに象徴されるキリシタン大名だが、領主に倣《なら》って領民が洗礼することも珍しくない。ポルトガルの貿易船は九州に来航することが多かったことから、特に九州では信徒つまりキリシタンが増えていく。

イエズス会領となった長崎

キリシタン大名に大村純忠《すみただ》という人物がいる。当初は貿易の利益目当てに洗礼を受けたが、次第に厚い信仰を寄せ、熱心な信徒となる。領民にもキリシタンになるよう強く求めた。

そのため、ポルトガルの貿易船はキリスト教保護のスタンスを明確にした純忠の領地に来航するようになるが、やがて純忠の家臣長崎純景《すみかげ》の所領だった長崎に目を付ける。広大な入り江を持つ長崎湾は水深がある上に、風波を避けるのに適する地形を有していた。まさに天然の良港であった。

長崎は人口二千人に満たない寒村だったが、元亀二年（一五七一）よりポルトガルは純忠の援助を受けて街づくりに着手する。長崎氏の砦があった場所から離れた葦原や砂洲《さす》に街は造成されたが、領主の迫害から逃れてきた九州各地のキリシタンが集住したのは興味深い。キリスト教の布教を認めず信徒を弾圧した大名も少なくなかったことがうかがえる。

当初、長崎は島原町・平戸《ひらど》町・大村町・横瀬浦《よこせうら》町・外浦町・分知《ぶんち》町の六つの町から構成された。街を開いた者や初期居住者の出身地にちなんで町名は付けられたが、同年よりポルトガル船が入港して長崎開港となると、貿易に携わる商人も住みはじめて人口が急増する。六町の周辺も町場化した。

以後九州有数の貿易港として発展を遂げるが、キリシタンの数も急増する。天正二年（一五七四）から四年までの三年間で、三万五千人がキリシタンとなっている。

長崎港のある肥前国では龍造寺隆信《たかのぶ》が版図を拡大し、純忠はその攻撃に苦しんでいた。甥にあたるキリシタン大名の有馬晴信《ありまはるのぶ》も同様だったが、同七年（一五七九）にイエズス会の援助を受けることで防戦に成功する。イエズス会から弾丸、火薬、糧食、金銭などの補給を受けていたからである。

晴信がイエズス会の後方支援により龍造寺氏の攻撃を退けたのをみて、純忠は長崎と天《あま》草灘《くさなだ》に面する茂木《もぎ》の寄進を思い立つ。イエズス会をバックにすることで、龍造寺氏の攻撃から長崎を守ろうとしたのだ。ポルトガル船のさらなる入港も期待した。寄進を受けるイエズス会にしてもポルトガル船の寄港地を確保できるだけでなく、迫害から逃れてきたキリシタンを長崎で保護できるメリットもあった。

双方の利害が一致した結果、翌八年（一五八〇）に長崎はイエズス会の所領となる。キリシタンから選ばれた町年寄がその支配にあたった。

よって、長崎では信徒の増加に拍車が掛かる。教会が林立する西洋風の都市へと変身した。宣教師がローマに向けて出した手紙には、ポルトガルやスペインに住んでいる時と同じ生活ができたという記述が残されている。

イエズス会の所領となったのは大村領の長崎や茂木だけではない。有馬晴信も領内の浦《うら》上《かみ》を寄進している。龍造寺氏に代わって九州で版図を拡大していた島津氏の攻撃を防ぐ意図があった。

だが、長崎・茂木・浦上の教会領としての歴史は十年にも満たなかった。

鎖国政策と出島の建設

天正十五年（一五八七）五月八日、天下統一を進める豊臣秀吉は島津氏の降伏を容れ、九州を平定した。これにより天下統一は関東と東北の平定を残すのみとなったが、九州平定を契機にキリスト教に対する姿勢を転換する。

それまで秀吉は布教容認のスタンスを取っていたが、六月十九日に筑前《ちくぜん》国箱崎で突如伴《ば》天連《てれん》追放令を発す。国外からの退去を宣教師に命じ、キリスト教の布教を禁止する方針も示した。

秀吉が伴天連追放令を発したのは、九州でキリシタンの数が予想以上に多かったこと、長崎がイエズス会つまり教会領となっていたことに危機感を抱いたからといわれる。ポルトガルがキリスト教の布教を通じて植民地化を目論んでいるのではと疑念を持ったのである。

そして、イエズス会に寄進された長崎・茂木・浦上を直轄領とするとともに、貿易を統制下に置く。なかでも長崎には文禄元年（一五九二）に奉行所が設置され、唐津《からつ》城主寺沢広高《ひろたか》を長崎奉行に任命している。

慶長八年（一六〇三）に江戸幕府を開いた徳川家康は秀吉の取った禁教政策を踏襲する。同十八年（一六一三）には、全国に向けてキリスト教禁止令（禁教令）を発した。その後、宣教師やキリスト教徒への弾圧は激しさを増し、処刑も珍しくなくなる。

キリスト教の禁止と並行して貿易にも厳しい制限を課しはじめる。貿易のためと称して外国人宣教師が日本に入り込み、布教活動を展開することを危惧したのだ。貿易の利益は魅力的であったものの、国内でキリスト教徒が増えることへの懸念がそれを上回った。

ヨーロッパではポルトガルのほかイギリス、オランダ、イスパニアも日本に進出していたが、元和二年（一六一六）にヨーロッパ船の来航を平戸と長崎に限定する。来航できる港を限定することで、貿易統制と禁教政策の強化を目論む。

その結果、貿易のため来航するのはポルトガルとオランダだけとなるが、寛永十四年（一六三七）に起きた島原の乱で幕府はキリスト教の恐ろしさを痛感する。同十六年（一六三九）、幕府はキリスト教の布教とセットで貿易を展開するポルトガル船の来航を禁止した。

いわゆる鎖国が完成する。

ヨーロッパでは唯一、オランダが対日貿易を許可された。オランダはキリスト教の布教とセットで貿易を展開する方針を取っていなかったからである。

寛永十七年（一六四〇）、幕府は平戸に商館を置いていたオランダに対し、長崎への移転を命じる。長崎港を唯一の貿易港とするため、平戸の商館を閉鎖させた。オランダは対日貿易を維持するため幕府の命に従うが、移転地として指定されたのが出島だった。

もともと、出島は長崎市中に雑居していたポルトガル人を収容し、その行動を監視するために造られた埋立地であった。だが、ポルトガル人の来航を禁止したことで土地が空いてしまう。そのため、オランダ人を代わりに収容し、その活動を監視しようとしたのだ。

オランダ商館の出島移転は同十八年（一六四一）に完了する。出島は約三九六九坪の広さで、商館のほか館員の住居、倉庫、庭園が置かれた。家畜（豚・牛）の飼育場もあった。

出島と長崎市内は石橋で繋がれたが、オランダ人は幕府が江戸から派遣した長崎奉行の厳重な支配下に置かれる。その許可なく出島の外に出ることは固く禁止された。

なお、出島にいたのはオランダ人だけではない。島内には番所が数か所置かれた。日本人の番人が警備と密偵の役割を果たしていた。

長崎での唐人貿易と唐人屋敷

幕府は旗本を長崎奉行に任命して貿易の管理のほか外交交渉にあたらせたが、直轄地長崎の都市行政も担当させた。長崎奉行は主に二人制で、おのおの江戸と長崎において一年交代で勤務したが、管理したのは出島を舞台とするオランダとの貿易だけではない。

長崎には、「唐人」と呼ばれた中国の商人も貿易のため来航していたからだ。いわゆる唐人貿易である。

中国の船は九州を中心に日本各所の港に入港していた。貿易の時だけ滞在するのではなく、定住する者も多かったため、各地に「唐人町」が生まれることになった。

しかし、幕府の鎖国政策により貿易港が長崎に限定される。オランダ人のほか中国人も長崎に集められるが、当初は市中に住むことが許された。オランダ人とは違って、行動の自由も許された。

当時は中国産の生糸が主要輸入品であり、オランダがもたらした輸入品も中国産生糸の転売が多かった。そのため、生糸を主力とする唐人貿易は拡大を続けるが、来日した中国商人のなかに密貿易に従事する者やキリスト教を布教する者がいた。

よって、幕府はオランダ人と同じく居住区域を定め、その行動を監視することに改める。元禄《げんろく》元年（一六八八）に長崎郊外の十善寺郷《じゅうぜんじごう》に高い塀と堀で囲まれた居住地の建設が開始され、翌二年（一六八九）に完成した。中国版出島とも言うべき「唐人屋敷」である。

唐人屋敷の規模は約九四〇〇坪で、出島の約三倍もの広さがあった。屋敷には門が二つ置かれ、外側の大門の脇には人の出入りを改める番所が設置された。大門を入ると魚や野菜といった日用品などを売る出店が立ち並んでおり、大門までは出入りの商人ならば自由に入れた。

内側の門を入ると二階建ての長屋が十数棟ほどあったが、門の出入りは厳しくチェックされた。二階は船頭や商人、一階は一般乗組員の部屋に当てられた。来航した唐人は長崎を去る日まで滞在する定めだった。

なお、長崎港から突き出た場所に「新地」と呼ばれた埋立地が唐人貿易用に造られる。元禄十一年（一六九八）の大火の際、各町に保管していた唐船二十艘分の荷が焼失したことが理由である。唐船が積載してきた荷物は新地の蔵に保管され、取引の折に新地の水門から陸揚げされることになっていた。

唐寺の建立と黄檗宗

このように、鎖国後も長崎では唐人貿易が継続されたため、中国文化が漂う街の顔を持ち続ける。滞在中に居住する唐人屋敷が郊外に置かれたことも大きかった。

長崎に今も残る中国文化の象徴として「唐寺《とうじ》」は外せない。唐寺とは日本に滞在した中国人が出身地別に建てた寺院のことである。なかでも、福建省出身者により建てられた興福寺、福済《ふくさい》寺、崇福《そうふく》寺の長崎三福寺が代表格だった。

来航した中国人にはキリスト教を布教する者もいたため、中国人もオランダ人と同じく幕府の厳しい監視対象下に置かれた。よって、自分たちはキリシタンではなく仏教徒であることを示すために寺院を建て、その檀家《だんか》となっている。中国風の建物であったことから、唐寺と呼ばれた。

唐寺の場合、中国から招いた僧侶を住職に据えるのが通例だが、そのシンボルといえば隠元《いんげん》禅師だろう。臨済宗に属する隠元は福建省の黄檗山萬福《おうばくさんまんぷく》寺の住職を勤めていたが、興福寺の三代目住職逸然《いつねん》たちの要望を受け、承応《じょうおう》三年（一六五四）に長崎に来航する。逸然の跡を継ぎ、興福寺の四代目住職を務めた。

万治《まんじ》元年（一六五八）に江戸へ出た隠元は、時の四代将軍家綱《いえつな》への拝謁を許される。それだけ、中国から渡来してきた高僧として注目されたが、寛文《かんぶん》元年（一六六一）には幕府の許可を得て山城国宇治《うじ》に黄檗山萬福寺を創建する。

黄檗宗の祖とされる隠元は禅だけでなく、中国の様々なものを伝えた。日本文化に大きな影響を与えた人物だったが、食文化では中国式の精進《しょうじん》料理・普茶《ふちゃ》料理が挙げられる。

普茶料理は油と葛粉《くずこ》を多く用いるのが特徴で、大皿に盛って出し、各人が取り分けて食するスタイルが取られた。その材料として中国から持ち込んだ豆は、その名が冠せられてインゲン豆と呼ばれるようになったという説もある。

長崎は唐人屋敷のみならず、唐寺を通じて中国文化が発信された都市だった。

長崎二度目の開港とキリスト教会の復活

鎖国の時代、長崎は西洋と東洋が融合する都市としての顔を持ったが、幕末に入ると、西洋のウェートが大きくなる。

幕府は欧米列強の外圧を受け、安政《あんせい》五年（一八五八）にアメリカ・オランダ・イギリス・ロシア・フランスとの間に通商条約を結び、自由貿易の開始と開港場の設置を約した。神奈川、長崎、兵庫、新潟、箱館の五港が開港されたが、長崎開港は翌六年（一八五九）のことである。

開港場には貿易のため来航した外国人の居留地が設けられたが、通商条約では居留外国人に信教の自由が保障されていた。よって、国内ではキリスト教禁止の方針が維持されたものの、居留地では礼拝のための教会が建設されることになる。

長崎では長崎港を見下ろす丘の東山手《ひがしやまて》と南山手、その沿岸部一帯にあたる大浦地区に居留地が造成された。そして、文久二年（一八六二）にアメリカ監督教会が東山手にプロテスタントの教会、元治《げんじ》元年（一八六四）にはパリ外国宣教会が南山手に大浦天主堂を建てている。

いわば長崎二度目の開港を機に、長崎は西洋文化が漂う都市へと戻るが、教会の建設はその象徴ともいえる光景であった。

那覇

琉球王国の貿易港として繁栄した

琉球と沖縄の違い

那覇《なは》に県庁を置く沖縄県が誕生したのは明治十二年（一八七九）のことである。それまでは琉球王国としての長い歴史を背景に琉球と呼ばれたが、日本からの呼び名である沖縄が県名に採用された。琉球を名実ともに日本の領土としたい明治政府の強い意思が込められていたことは容易に想像に難くない。

当初の政府の方針では、那覇とは約四キロメートル離れた琉球王国の首都首里《しゅり》に県庁を置く案が有力だった。だが、交通の利便性などを踏まえて那覇に県庁を置くことが決まる。

交通の利便性つまりは港町だったことが決め手となるが、琉球王国は東アジアにおける貿易活動で成り立っていた国家だった。よって、貿易港を持つ那覇は東アジア諸国の物資、そして文化や技術の窓口としての役割を果たしていた。

そんな貿易都市那覇の歴史に注目することで、沖縄（琉球）文化の特徴を解き明かす。

琉球王国の誕生と首里城

沖縄の文化を象徴するものとして、首里城は外せないだろう。

首里城は昭和二十年（一九四五）の沖縄戦で灰燼に帰した悲しい歴史を持つが、平成四年（一九九二）に沖縄の本土復帰二十周年を記念して復元される。同十二年（二〇〇〇）には「琉球王国のグスク及び関連遺産群」が世界遺産に認定され、首里城跡も世界遺産のグスク（城）の一つに選ばれた。だが、令和元年（二〇一九）十月に火災で焼失したため、現在は再建工事が進められている。

首里城に代表されるグスクとは、十三世紀から十六世紀後半にかけて奄美大島から八重山諸島までの南西諸島で築かれた城を指す。その数は三百～四百にも及んだが、一口にグスクと言っても城塞・倉庫・聖域などの用途がみられた。必ずしも軍事施設とは限らなかった。

グスクは丘陵の先端部や尾根に立地し、地形を巧みに利用して築かれた。石垣や土塁などで周囲が廻らされたため本土の城に類似したが、石垣について言えば百～百五十年以上も早かった。本土に先行して石垣造りの城郭が登場したことになる。

南西諸島の各地にグスクが築かれた時期は、農業と東アジア諸国との貿易で得た富をもって各地で割拠した「按司《あんじ》」と呼ばれた豪族たちが、貿易の利権や所領の拡大をめぐり激しく争った時期に当たる。既に沖縄は戦国時代に突入していた。

そんな群雄割拠のなか、按司たちのなかで版図を拡大させた三大勢力が台頭してくる。沖縄本島北部の今帰仁《なきじん》城を居城とする「北山」、最初は浦添《うらそえ》城、次いで首里城を居城とした本島中部地域を支配する「中山」、そして南部の大里《おおざと》城を居城とする「南山」の三大勢力だった。この時代は三山鼎立《ていりつ》時代と呼ばれる。

三山の王は中国の明王朝にそれぞれ朝貢し、山北王、中山王、山南王の称号を与えられた。そして三つ巴の戦いを演じたが、武力をもって三山を統一したのは「南山」で佐敷《さしき》按司を務めた尚巴志《しょうはし》という人物である。

尚巴志は「中山」を制圧して父の尚思紹《しょうししょう》を中山王に就け、居城を浦添城から首里城に移した後、永享元年（一四二九）に三山統一を完了する。本土は室町幕府の時代で、ちょうど足利義教が六代将軍の座に就いた年だった。

ここに、沖縄最大のグスク・首里城を居城とする琉球王国が誕生する。その歴史は約四百五十年にも及んだ。

尚巴志が樹立した琉球王国は第一尚氏王統と呼ばれるが、やがて内部抗争が激しくなり、家臣の内間《うちま》金丸《かなまる》のため滅亡する。文明元年（一四六九）に金丸はみずからを尚円王《しょうえんおう》と称し、以後第二尚氏王統の時代に入った。本土は戦国時代の幕開けを告げる応仁・文明の乱の最中であった。

第二尚氏王統は沖縄本島にとどまらず、奄美から与那国《よなぐに》島までを支配下に置いた。版図を大いに広げるとともに、各地でグスクを構えて割拠した按司たちを首里城下に集住させ、武器も取り上げる。

本土の戦国大名が家臣を城下町に集住させて所領から引き離し、その自立性を奪おうとしたこととまったく同じだった。首里城下への集住には、按司が反旗を翻さないようにという琉球王国の狙いが秘められていた。

こうして、首里は首里城を中心に王族や貴族の居宅や民家が立ち並ぶ城下町として繁栄を遂げる。

中継貿易の隆盛と那覇港

首里城は海外貿易の拠点となる那覇港を見下ろすように建てられたが、古来より琉球は貿易を通じて日本や中国との関係がとりわけ深かった。

琉球王国は馬や硫黄などを除いて国内の産物に乏しかったため、日本・中国・朝鮮そして東南アジア諸国との貿易により国力の充実を目指した。特に中国の明王朝との貿易で多大な利益を挙げ、海洋王国として発展を遂げる。

当時、明は貿易を許可するにあたり、周辺諸国にある条件を課した。明との間に朝貢関係を取り結ぶことを求めたのである。

朝貢関係とは明を主君とし、みずからは家臣に擬《なぞら》えて貢物を捧げる関係だが、それを受け入れた国家とのみ、明は貿易を許可した。

　これを朝貢貿易と呼ぶ。

日本では室町幕府を率いる三代将軍足利義満が朝貢関係を受け入れ、勘合貿易という名の朝貢貿易を開始する。そんな屈辱的な条件を呑んだのは莫大な利益が期待できたからだが、既に琉球は明との朝貢貿易を行っていた。

朝貢貿易の場合、明からの恩恵としてジャンク船と呼ばれた木造帆船が下賜《かし》されたり、船舶の乗組員のほか通訳など朝貢関係を実務面で支える人材が派遣されることもあった。日本はこうした優遇措置を受けられなかったが、琉球の場合はジャンク船を下賜され、貿易に関する人材も派遣された。琉球の方が明との関係が親密だったことがわかる。

　だが、同じ朝貢貿易でも琉球は国内の産物に乏しかったため、中継貿易というスタイルが取られる。輸入した物資をそのまま転売のような形で輸出した。

　具体的には次のようになる。明から陶磁器や絹織物を得て日本や東南アジアに販売し、日本から刀剣などを得て明などに販売し、東南アジアからは香木や象牙を得て日本などに販売するシステムである。

グスクの発掘調査でも中国産の陶磁器のほか、日本や朝鮮、東南アジアの産物が数多く出土している。中国そして日本・朝鮮・東南アジア諸国との活発な貿易活動の様子が窺える遺産だった。

琉球は貿易で成り立った国家であり港の整備は不可欠だったが、最も整備に力が入れられた港こそ那覇である。貿易船はもちろん、明からの外交使節や琉球の外交使節を乗せた船も出入りした。

当初那覇は那覇川（現在の国場川）と安里《あさと》川の河口の湾に浮かぶ島の一つだったが、琉球王国が整備を進めたことで発展への道を歩みはじめる。なかでも、長江堤を築いて首里との交通が便利になったのは大きかった。那覇の市街地は拡大し、那覇四町（西・東・泉崎・若狭町）と呼ばれる都市に成長する。

那覇には、日本、中国、朝鮮、東アジア諸国の船が来航したため、いきおい国際色豊かな貿易都市となるが、中国人居留区が近くにあったことで中国色が濃かったのが特徴である。

外国文化の窓口となった那覇

貿易を通じての中国や日本との交流は、琉球の文化に大きな影響を与えた。貿易港の那覇がその窓口となっていたが、那覇港を見下ろす首里城に象徴される琉球の建築文化にも両国の影響が確認できる。

首里城の敷地は約四・二ヘクタールで大小十二の石造門があったが、中央には西向きの正殿が立ち、正殿に向かって南側に南殿と番所、北側に北殿が立つ配置だった。いずれの建物も中国や日本の建築文化の影響を受けているといわれるが、朱塗りや龍の装飾に関しては中国の建築文化の特徴である。

正殿の中央部分は「唐玻豊《からはふ》」と呼ばれ、弓なりのカーブの曲線を描く装飾板となっていた。その屋根や壁にも龍が数多く描かれ、同じく中国文化の影響がみてとれる。ただし、装飾板自体は「唐破風《からはふ》」という日本の寺社で取り入れられた建築スタイルと同じだった。

中国や日本との交流を受けて、双方の建築様式の特徴を折衷融合した独特の建築スタイルが生まれていたことがわかる。そのスタイルは首里城のみならず、琉球各地のグスクにもあてはまるものであったはずだ。

中国や日本の建築様式を折衷融合させたことが琉球の建築文化の特徴だった。外国文化の窓口那覇港を見下ろす首里城は、それを後世に伝える役割を果たしたのである。

薩摩藩の琉球支配

東アジア世界における中継貿易で繁栄の日々を送っていた琉球王国だが、建国から百八十年目にあたる慶長十四年（一六〇九）に、その歴史を大きく変える出来事が起きる。薩摩・大隅・日向《ひゅうが》の一部を領国とする島津氏が攻め込んできた。

兼ねてより対明貿易への参入をはかっていた島津氏すなわち薩摩藩は、琉球が明との貿易で大きな利益をあげていることに目を付ける。よって、仲介役を依頼したものの、拒絶された。これを口実に、江戸幕府の許可も得て琉球出兵に踏み切る。

同年三月四日、薩摩勢は鹿児島を出立した。同月二十五日に沖縄本島に上陸し、四月三日より首里城への攻撃を開始する。早くも翌四日には琉球勢に勝利し、国王尚寧たち約百名を捕虜とした。

琉球平定の報を受けた幕府は薩摩藩の琉球支配を認める。那覇には同藩の在番《ざいばん》奉行が置かれたが、その後も表向き独立国の形態を取らせた。

琉球が薩摩藩の支配下にあることが明に知れれば、朝貢貿易は中止に追い込まれる恐れがあったからだ。それを回避するため、薩摩藩は琉球を支配下に置いたことを隠し、独立国すなわち明の朝貢国のままとした。

そして、那覇常駐の在番奉行をして朝貢貿易に参画させることで、明から輸入した生糸や絹織物を手に入れた。薩摩藩はこれを転売して巨利を得た。当時、生糸や絹織物の国内生産は需要を満たすには至らなかったため、高値で転売できたのである。

明が滅亡して清王朝が誕生すると、今度は清に朝貢させた。琉球つまり薩摩藩は清との朝貢貿易を通じ、引き続き中国産の生糸や絹織物を手に入れる。

薩摩藩の支配下にありながら、朝貢国としての立場を維持することで琉球は明や清との貿易を継続できたが、朝貢関係にあったのは明や清だけではない。公表できなかったものの、幕府にも外交使節つまりは事実上の朝貢使節を派遣していた。

将軍の代替りの時に派遣した使節は慶賀使《けいがし》、琉球国王の代替りの時に派遣した使節は謝《しゃ》恩使《おんし》と称された。江戸時代を通じて、慶賀使の派遣は十回、謝恩使の派遣は十一回を数えた。

江戸までの道中、琉球使節一行は中国風の衣裳を身にまとうことが義務付けられた。街道の要所や江戸市中を通過する際には、銅鑼・太鼓・ラッパといった琉球の楽器を演奏しながら進んだ。異国色を強めることで、日本への朝貢使節として印象付けたい幕府の思惑があった。

江戸に到着した琉球使節は江戸城に登城し、将軍に拝謁した。その時も中国風の装束を身にまとうことになっていた。

ペリーの那覇来航

江戸時代も後期に入ると、外国船が日本の沿岸に来航するようになり、外患として強く認識された。鎖国政策を堅持したい幕府は異国船打払令も布告したが、天保《てんぽう》十三年（一八四二）に大国と認識されていた清がアヘン戦争でイギリスに敗北すると、対応が一変する。

同年、幕府は異国船打払令を緩和し、薪水《しんすい》給与令を復活させた。漂着した外国船には薪水や食料を与えることにしたが、こうした幕府の姿勢軟化が開国に帰結する。

薩摩藩の支配下にあった琉球にも、すでにイギリス、アメリカ、フランスの船が既に来航していた。弘化《こうか》元年（一八四四）にはフランス船が那覇に来航して通商を要求する事態に発展するが、この時は通商関係の樹立には至らなかった。

嘉永《かえい》六年（一八五三）六月、アメリカ東インド艦隊司令長官ペリー率いる四隻の軍艦が江戸湾入り口の浦賀沖に姿を現した。開国と通商を求めるアメリカ大統領の国書を幕府に受け取らせた後、いったん退去する。その後、翌七年（一八五四）正月に再来航し、三月には日米和親条約の締結の運びとなる。

だが、この時にペリーが開国と通商を求めたのは日本だけではない。琉球にも来航し、通商条約の締結に成功している。

浦賀沖に来航する前に、ペリーは上海から琉球に立ち寄った。那覇に上陸したペリーは琉球に通商を要求したが、琉球が薩摩藩つまり日本の支配下にあることは知っていた。幕府との外交交渉が失敗に終わった場合は、琉球を占領する計画だった。

その後、琉球を離れたペリーは浦賀沖に向かう。日米和親条約締結後にも琉球に来航し、琉米条約を締結した。薪水や食料の補給、遭難船の救助が主な内容である。琉球はその後、フランスなどとも同様の条約を締結する。

琉球が表向き独立国であったことで、幕府としても欧米諸国との条約締結を阻止できなかった。この変則的な状態は、明治に入って琉球が日本に併合される時まで続く。

琉球藩から沖縄県へ

江戸幕府が倒れて明治政府が誕生すると、琉球王国は改めて政府の支配下に入り、琉球藩が置かれた。明治五年（一八七二）のことである。

しかし、清との朝貢関係は依然として続いたため、この関係を終わらせる必要があった。同十二年（一八七九）、政府は琉球藩を廃して沖縄県を設置し、清との関係を断ち切らせる。いわゆる琉球処分であり、八年遅れの廃藩置県だった。四百五十年にも及んだ琉球王国の歴史は幕を閉じる。

琉球王国時代は首里が首都であったため、那覇の人口を大きく凌駕《りょうが》していた。ところが、沖縄県設置に伴って県庁が那覇に置かれたことで、五～六年後には首里の人口を上回る。その後も首里の人口がほぼ横ばいだったのに対し、那覇の人口は上昇を続ける。戦後に入ると、首里は那覇市に合併された。

那覇は沖縄県設置を境に大きく生まれ変わったが、その礎は琉球王国の繁栄をもたらした国際貿易都市だった頃に築かれたのである。

参考文献

京都　『京都府の歴史』山川出版社、二〇一〇年。
奈良　『奈良県の歴史』山川出版社、二〇一〇年。
鎌倉　『江戸庶民の信仰と行楽』池上真由美、同成社、二〇〇二年。
江戸　『徳川家康「関東国替え」の真実』安藤優一郎、有隣堂、二〇二二年。
仙台　『仙台市史　通史編2古代中世』仙台市、二〇〇〇年。
金沢　『金沢市史　通史編Ⅰ』金沢市、二〇〇四年。
静岡　『静岡県の歴史』山川出版社、二〇一五年。
名古屋　『吉宗と享保の改革　改訂新版』大石学、東京堂出版、二〇〇一年。
大阪　『大阪府の歴史』山川出版社、二〇一五年。
神戸　『兵庫県の歴史』山川出版社、二〇〇四年。
広島　『広島県の歴史』山川出版社、二〇一二年。
山口　『山口県史　通史編中世』山口県、二〇一二年。
高知　『山内一豊のすべて』小和田哲男編、新人物往来社、二〇〇五年。
博多　『福岡県の歴史』山川出版社、二〇一〇年。
長崎　『「株式会社」長崎出島』赤瀬浩、講談社選書メチエ、二〇〇五年。
那覇　『沖縄県の歴史』山川出版社、二〇〇四年。

◎本書は書き下ろしです。
◎現代的な感覚では不適切と感じられる表現を使用している箇所がありますが、時代背景を尊重し、当時の表現および名称を本文中に用いていることをご了承ください。

安藤優一郎（あんどう・ゆういちろう）

一九六五年千葉県生まれ。早稲田大学教育学部卒業、同大学院文学研究科博士後期課程満期退学。文学博士。ＪＲ東日本「大人の休日倶楽部」など生涯学習講座の講師を務める。主な著書に『明治維新　隠された真実』『河井継之助　近代日本を先取りした改革者』『お殿様の定年後』（以上、日本経済新聞出版）、『幕末の志士　渋沢栄一』（MdN 新書）、『渋沢栄一と勝海舟　幕末・明治がわかる！　慶喜をめぐる二人の暗闘』（朝日新書）、『越前福井藩主　松平春嶽』（平凡社新書）、『賊軍の将・家康　関ヶ原の知られざる真実』（日経ビジネス人文庫）、『大名格差　江戸三百藩のリアル』（彩図社）などがある。

056

徳川時代の古都
知られざる都市の栄枯盛衰

2023年 8月20日　初版発行

著　者｜　安藤優一郎
発行者｜　南　晋三
発行所｜　株式会社潮出版社
〒102-8110
東京都千代田区一番町6　一番町SQUARE
電話　■ 03-3230-0781（編集）
■ 03-3230-0741（営業）
振替口座 ■ 00150-5-61090

印刷・製本｜　中央精版印刷株式会社
ブックデザイン｜　Malpu Design

ISBN978-4-267-02400-9　C0221